Kohlhammer
Urban-
Taschenbücher

2.5.79

Band 115

8,–

Erwin Roth

Persönlichkeits-psychologie

Eine Einführung

Fünfte unveränderte Auflage

Verlag W. Kohlhammer
Stuttgart Berlin Köln Mainz

CIP-Kurztitelaufnahme der Deutschen Bibliothek

Roth, Erwin
Persönlichkeitspsychologie: e. Einf. – 5., unveränderte Aufl. –
Stuttgart, Berlin, Köln, Mainz: Kohlhammer, 1977.
(Urban-Taschenbücher; Bd. 115)
ISBN 3-17-004404-4

Fünfte unveränderte Auflage 1977

Verlagsort: Stuttgart
Umschlag: hace
Gesamtherstellung: W. Kohlhammer GmbH
Grafischer Großbetrieb Stuttgart
Printed in Germany

Inhalt

A. Voraussetzungen

I. Der Gegenstand der Persönlichkeitspsychologie 7
II. Das Ziel der Persönlichkeitspsychologie 10
III. Die Methoden der Persönlichkeitspsychologie 14
1. Die Beobachtung 17
2. Das Experiment 20
3. Messen und Tests 24
4. Modellbildung und Simulation 30
IV. Zusammenfassung 31

B. Grundqualitäten des Verhaltens

I. Leben als Aktivität 33
II. Das Individuum als Einheit 34
III. Die Gerichtetheit des Erlebens und Verhaltens 34
IV. Konstanz und Wandel einzelner Verhaltensweisen 35

C. Analytische Einheiten im Bedingungssatz individuellen Verhaltens

I. Eigenschaften 37
1. Vorbemerkungen 37
2. Die Definition von Eigenschaften 37
3. Die eigenschaftszentrierte Persönlichkeitsauffassung 39
4. Kritik des Eigenschaftskonzepts 42
5. Zusammenfassung 47
II. Habit 48
1. Vorbemerkungen 48
2. Die Definition von Habit 49
3. Die behavioristische Persönlichkeitsauffassung 51
4. Kritik der behavioristischen Persönlichkeitskonzeption 52
5. Zusammenfassung 53
III. Faktor 54
1. Vorbemerkungen 54
2. Die Definition von Faktor 60
3. Die faktorenanalytische Persönlichkeitsauffassung 61
4. Kritik des Faktorenkonzepts 65
5. Zusammenfassung 67
IV. Motiv 68
1. Vorbemerkungen 68
2. Die Definition von Motiv 69
3. Die motivationspsychologisch orientierte Auffassung der Persönlichkeit 74
4. Die Kritik des Motivkonzepts 77
5. Zusammenfassung 80

V. Rolle ... 81
1. *Vorbemerkungen* ... 81
2. *Die Definition von Rolle* ... 82
3. *Die rollentheoretische Persönlichkeitskonzeption* ... 83
4. *Kritik des rollenanalytischen Konzepts* ... 85
5. *Zusammenfassung* ... 87

VI. Das Selbst ... 89
1. *Vorbemerkungen* ... 89
2. *Die Definition von Selbst* ... 89
3. *Die mit der Selbsttheorie verbundene Persönlichkeitsauffassung* ... 91
4. *Kritik des Selbstkonzeptes und der Persönlichkeitsauffassungen in den Selbsttheorien* ... 93
5. *Zusammenfassung* ... 95

VII. Gemeinsamkeiten der persönlichkeitspsychologischen Grundbegriffe ... 97
1. *Klassen empirisch gesicherter Determinanten individuellen Verhaltens* ... 98
2. *Folgerungen* ... 103

VIII. Einstellung ... 104
1. *Vorbemerkungen* ... 104
2. *Die Definition von Einstellung* ... 105
3. *Die einstellungsorientierte Persönlichkeitsauffassung* ... 108
4. *Vergleich zwischen Einstellungen und anderen persönlichkeitspsychologischen Grundbegriffen* ... 110
5. *Zusammenfassung* ... 114

D. Aspekte der Persönlichkeitsbetrachtung

I. Strukturale Auffassung der Persönlichkeit ... 115
1. *Die Definition des Strukturbegriffes* ... 115
2. *Beispiele strukturaler Persönlichkeitsmodelle* ... 116

II. Die prozessuale Auffassung der Persönlichkeit ... 121
1. *Die Definition des Prozeßbegriffes* ... 121
2. *Beispiele dynamischer Persönlichkeitsinterpretationen* ... 122

III. Feldtheoretische Auffassung der Persönlichkeit ... 124
1. *Die Definition des Feldbegriffes* ... 124
2. *Beispiele feldtheoretischer Persönlichkeitserklärung* ... 125

IV. Gemeinsamkeiten der Sichtweisen von Persönlichkeit ... 129
1. *Implikationen der verschiedenen Persönlichkeitsbetrachtung* ... 129
2. *Übereinstimmende Merkmale der Persönlichkeitsaspekte* 130

V. Systemtheoretische Auffassung der Persönlichkeit ... 132
1. *Die Definition des Systembegriffs* ... 132
2. *Persönlichkeit als System* ... 133

VI. Zusammenfassung ... 135

Anmerkungen ... 136

Verzeichnis der Abbildungen ... 140

Literaturverzeichnis ... 141

A. Voraussetzungen

I. Der Gegenstand der Persönlichkeitspsychologie

Die Psychologie faßt sich in ihrem modernen Selbstverständnis als Wissenschaft vom Verhalten, und zwar im weitesten Sinn des Wortes. Als Humanpsychologie untersucht sie menschliches Verhalten, bleibt aber nicht darauf beschränkt. Dennoch wird im folgenden der Terminus ›Psychologie‹ einfachheitshalber immer anstelle von ›Humanpsychologie‹ gebraucht.

Die Setzung von ›Verhalten‹ als Gegenstand der Psychologie mag einfach und selbstverständlich klingen; man erwartet von ihr, daß sie erklärt, warum Menschen erleben, wie sie erleben, warum sie handeln, wie sie handeln, und darüber hinaus, daß dadurch möglich wird vorherzusagen, wie bestimmte Menschen sich unter gegebenen Bedingungen verhalten werden. Hinter der scheinbaren Einfachheit dieser Setzung verbergen sich jedoch weittragende Konsequenzen, und bevor sie von den Vertretern unserer Wissenschaft so weithin akzeptiert wurde, wie es heute geschieht, mußten lange und heftige Diskussionen geführt werden.

Auf die in der Definition »Psychologie ist die Wissenschaft vom Verhalten« implizierten Konsequenzen sowie die mit ihrer Annahme verbundenen Auseinandersetzungen kann nur kurz und nur unter den Aspekten eingegangen werden, die für das Verständnis der weiteren Überlegungen erforderlich sind. Denn im vorliegenden Zusammenhang kann weder eine wissenschaftstheoretische Grundlegung der Persönlichkeitspsychologie geleistet noch ihre Geschichte abgehandelt werden.

Betrachten wir zunächst, was aus der Definition folgt: Insofern sich die Psychologie als ›Wissenschaft‹ versteht, muß sie rational sein, d. h. sie muß allein logischen Prinzipien genügen und arationale Voraussetzungen, wie weltanschauliche, ethische oder religiöse Annahmen, von vornherein ausschließen. Die Psychologie beschreibt und erklärt das Verhalten nicht, wie es sein soll, sondern so, wie es ist. Sollensforderungen gehen freilich auch in die Untersuchung ein, aber nicht als Voraussetzungen, sondern als ihr Gegenstand.

Weiterhin, insofern ›Verhalten‹ als Gegenstand etwas ist, das wir wie andere Erfahrungsdinge vorfinden, muß die Wissenschaft, die sich damit befaßt, empirisch sein. Damit scheiden rein spekulative und metaphysische Ansätze aus unseren Überlegungen aus. Wenn die Psychologie Verhalten nicht nur beschreibt, sondern auch erklärt, heißt das nichts anderes, als daß beobachtbare und aus Beobachtungen erschließbare Phänomene auf ihre Bedingungen zurückgeführt werden. Für den realen Gegenstand ›Verhalten‹ können das aber nur real aufweisbare Bedingungen sein. Der darin implizierte Wirklichkeitsbegriff muß freilich so weit definiert werden, daß er alle nachweisbar wirkenden Bedingungen umfaßt, z. B. auch solche, deren ›Existenz‹ sich in ihrem Gedachtwerden bzw. in ihrer Geltung erschöpft, wie soziale Normen und kulturelle Werte.

Wenden wir uns nun den Schwierigkeiten zu, die sich für die Durchsetzung unserer Definition ergaben: Indem man ›Verhalten‹ als Gegenstand der Psychologie setzt, schließt man ›Seele‹ aus dieser Wissenschaft aus; es sei denn, Seele wird als eine unter mehreren oder als Inbegriff aller Verhaltensbedingungen definiert. Gegen eine solche Definition wenden sich aber verständlicherweise die Anhänger des Seelenbegriffs: Denn damit ist jener Begriff aus der Psychologie eliminiert, der ihr den Namen gab und der mehr als zwei Jahrtausende lang ihr zentrales Anliegen war.

Ähnlich verhält es sich mit dem Begriff ›Wesen‹. Genausowenig wie über die Seele kann die Psychologie als empirische Wissenschaft über das ›Wesen des Menschen‹, über den ›Sinn menschlichen Lebens‹ oder über die ›Bestimmung des Menschen‹ Aussagen machen. Auch dies natürlich mit der Einschränkung, daß darunter nicht die Eigenart des Verhaltens und seiner Bedingungen verstanden werden.

Schwierigkeiten ergaben sich auch aus der Einführung eines spezifischen Verhaltensbegriffs durch die Schule des ›Behaviorismus‹, begründet durch den amerikanischen Psychologen Watson [1]. Dieser Verhaltensbegriff war nämlich so eng, daß praktisch nur beobachtbare Bewegungen darunterfielen und daß Phänomene wie ›Bewußtsein‹, ›Erleben‹ und ähnliche ausgeschlossen waren. Gegen diesen Begriff ließ sich natürlich trefflich polemisieren; es ist aber nicht unser Verhaltensbegriff. In vorliegendem Zusammenhang sei unter Verhalten jede Aktion oder Reaktion eines Organismus verstanden, insofern dieser als Einheit tätig wird. Unter diesem Begriff lassen sich leicht alle in Frage kommenden Phänomene subsumieren.

Freilich ist menschliches Verhalten nicht nur Gegenstand der Psychologie. Unter jeweils verschiedenem Blickwinkel behandeln es auch die Anthropologie, die Soziologie, die Wirtschafts- und Politikwissenschaften wie auch die Pädagogik, um nur die wichtigsten Forschungsrichtungen zu nennen. Die Psychologie ist auch nicht die einheitliche Wissenschaft, als die sie häufig betrachtet wird. Mit vielen unterschiedlichen Aspekten, unter denen Verhalten in der Psychologie untersucht wurde, bildeten sich verschiedene Disziplinen, die allzu häufig völlig voneinander isoliert, ja sogar gegeneinander arbeiten.

Von den theoretischen Grunddisziplinen sucht die ›Allgemeine Psychologie‹ nach allgemeinen Gesetzen des Verhaltens. Für sie bedeuten die immer beobachtbaren individuellen Abweichungen von der Regelhaftigkeit nur lästige Fehlerquellen. Beispiele für solche allgemeinen Regeln wären die Gesetzlichkeiten des Wahrnehmens, Denkens, Sich-Erinnerns und Lernens, aber auch der Motivation und des Fühlens sowie deren Zusammenhänge mit dem Handeln.

Im Gegensatz dazu fragt die ›Differentielle Psychologie‹ gerade nach den Bedingungen für diese individuellen Abweichungen. Aus dieser Disziplin entwickelte sich – im deutschen Sprachraum über die Charakterologie – historisch das, was im weiteren Fortgang unter ›Persönlichkeitspsychologie‹ verstanden werden soll.

Die Entwicklungspsychologie untersucht die Veränderung des Verhaltens und seiner Bedingungen in der Zeit, und zwar nicht nur, wie häufig angenommen wird, während der Kindheit und Jugend, sondern im Verlauf des gesamten menschlichen Lebens. Auch ihr geht es vorwiegend um allgemeine Regelmäßigkeiten.

Schließlich ist noch die Sozialpsychologie zu nennen, die nicht nur soziale Gebilde und Relationen untersucht, sondern vor allem zu bestimmen trachtet, wie davon Verhalten beeinflußt wird.

Zwischen diesen Grunddisziplinen – und natürlich auch den vielen anderen hier nicht genannten psychologischen Forschungsrichtungen – bestehen sachlich viel engere Relationen, als in den getrennten Theorienbildungen zum Ausdruck kommt. Die Persönlichkeitspsychologie gewinnt in diesem Rahmen in den letzten Jahrzehnten zunehmend an Bedeutung. Das liegt vor allem daran, daß innerhalb einer allgemeinen Theorie der Persönlichkeit – wenn dieser Begriff nur entsprechend gefaßt ist – sich vielleicht nicht alle, aber doch gewiß sehr viele der übrigen Forschungsergebnisse vereinheitlichen lassen. Denn gleichgültig wie allgemein die beobachtbaren Verhaltensweisen auch sein mögen, auf welcher Entwicklungsstufe ein Mensch sich verhält und wie stark soziale Determinanten auf das Verhalten einwirken, Subjekt des Verhaltens ist das Individuum und kann nur das Individuum sein.

Nach diesen Überlegungen läßt sich nun der Gegenstand der Persönlichkeitspsychologie präzisieren. Die zunächst naheliegende Lösung, eine vorläufige Definition des Begriffes Persönlichkeit zu geben, erweist sich als undurchführbar. In der Literatur finden sich nämlich nahezu ebenso viele Vorschläge dafür, wie es Autoren gibt, die über das Gebiet arbeiten. Auch ist kein Kriterium verfügbar, das gestatten würde zu entscheiden, welche dieser Definitionen den anderen vorzuziehen wäre. Eine aneinanderreihende Aufzählung aller bisherigen Definitionen würde so wenig weiterhelfen wie der sicherlich schwierigere Versuch, eine neue und alle bisherigen Vorschläge nach Möglichkeit in sich vereinigende Formulierung zu erarbeiten. Einen solchen Versuch hat übrigens Allport (1949) schon einmal unternommen. Zum näheren Verständnis des Persönlichkeitsbegriffes bleibt deshalb nichts anderes übrig, als anhand empirischer Ergebnisse der Persönlichkeitsforschung zu verdeutlichen, welcher Inhalt in der gegenwärtigen Psychologie diesem Begriff beigemessen wird. Dies aber ist Aufgabe der gesamten vorliegenden Schrift. Zur vorläufigen Verständigung über den Gegenstand unserer Disziplin muß deshalb einleitend zusammengefaßt werden, was zumeist unter diesem Terminus erforscht wird: das individuelle Verhalten und seine Bedingungen. Unter ›Individuum‹ ist dabei keine weltanschauliche Wertung und kein metaphysischer Deutungsversuch verstanden, sondern allein die spezifische Organisationsform eines Organismus, als zwar komplexer, aber unteilbarer Einheit, wie sie sich aus der Gesamtheit seiner ererbten Anlagen und deren Interaktion untereinander und mit der Umwelt sowie seiner in allen Einzelheiten unwiederholbaren und daher einmaligen Entwicklungsgeschichte in einer spezifischen sozio-kulturellen Situation ergibt.

II. Das Ziel der Persönlichkeitspsychologie

Ziel jeder Wissenschaft ist die Bildung eine ›Theorie‹. Theorie wird aber in sehr vielen voneinander abweichenden Bedeutungen verwendet. Im Alltagsgebrauch des Wortes steht dieses in Entgegensetzung zu ›Praxis‹[2] – eine Bedeutung, von der wir uns scharf absetzen müssen, denn Theorie soll ja jeder Praxis, die das Prädikat ›wissenschaftlich‹ für sich beansprucht, zugrunde liegen. Aber auch der wissenschaftliche Sprachgebrauch ist sehr uneinheitlich. So werden u. a. als Theorien bezeichnet:

a) Einzelne ›Hypothesen‹ (Annahmen zur Erklärung eines Sachverhaltes, die noch der Überprüfung bzw. des Beweises bedürfen). Z. B. wird die Lehre Festingers (1957, 1964) von den kognitiven Dissonanzen – die besagt, daß wenn immer ein Individuum ›logisch‹ inkonsequente Annahmen über einen Gegenstand hat, es bestrebt ist, die daraus sich ergebende Dissonanz zu reduzieren, indem es die Annahmen verändert – allgemein als Theorie bezeichnet [3].

b) Komplexe ›Modelle‹ (als Veranschaulichung eines komplexen Sachverhalts). Z. B. werden die Versuche, den Aufbau des Charakters oder der Person am geologischen Bild der Schichten zu erläutern, als ›Schichttheorien‹ zusammengefaßt.

c) ›Teilbereiche‹ aus einzelnen Disziplinen einer Wissenschaft, so etwa die ›Rollentheorie‹ (vgl. S. 81 f.) aus der Sozialpsychologie.

d) Das gesammelte Wissen ganzer Disziplinen, wie z. B. die ›Persönlichkeitstheorie‹; darunter werden allerdings auch die Ergebnisse einzelner Forscher oder Schulen verstanden, so daß man von Persönlichkeitstheorien im Plural spricht.

e) Das gesammelte Wissen einer Einzelwissenschaft, das man meint, wenn man von ›psychologischer Theorie‹ oder ›physikalischer Theorie‹ spricht.

f) Die Ergebnisse der vereinten Bemühungen mehrerer Wissenschaften zum gleichen Gegenstand; so tragen zu einer Theorie des Verhaltens bei die Biologie, die Physiologie, die Psychologie, die Soziologie und viele andere.

Im vorliegenden Zusammenhang kann freilich weder eine kritische Begriffsanalyse von ›Theorie‹ vorgenommen noch die wissenschaftstheoretische Fundierung des Baues und der Funktion von Theorie diskutiert werden. Um aber für die folgenden Überlegungen einen einheitlichen Sprachgebrauch herbeizuführen, gilt es, Mißverständnissen aus dem Weg zu gehen. Allen obigen Bedeutungen gemeinsam ist der angestrebte Versuch einer einheitlichen Beschreibung und gesetzmäßigen Erklärung des Untersuchungsgegenstandes. Unter ›erklären‹ sei dabei die Zurückführung eines konkreten Sachverhalts auf die ihm zugrunde liegenden Gesetze verstanden [4]. Diese Gesetze müssen ihrerseits allgemein sein und die notwendigen und zureichenden Bedingungen formulieren, welche jeden einzelnen Sachverhalt in seiner Eigenart bewirken.

Jeder Wissenschaft gehen die Annahmen voraus, daß alles, was geschieht, etwas voraussetzt, worauf es nach einer Regel folgt (Kant), und daß gleiche Bedingungen unter gleichen Umständen auch zu gleichen Folgen führen. Theorie kann dann betrachtet werden als der Inbegriff der Regeln, denen die Erscheinungen eines Gegenstandsbereiches folgen, bzw. die systematische Zusammenfassung des jeweils bekannten Teiles davon.

Auf unsere spezifische Fragestellung übertragen hieße das nun, Ziel der Persönlichkeitsforschung ist eine Theorie, die jedes individuelle Verhalten in einer gegebenen Situation erklärt bzw. als ihren Spezialfall umfaßt. Die anzustrebende Theorie ist die Gesamtheit der Regeln bzw. Gesetze, nach denen einzelne Erlebnis- oder Verhaltensweisen aus ihren Bedingungen folgen[5].

Diese Theorie muß, um ihre Funktion der Erklärung von Tatsachen erfüllen zu können, zumindest folgende Merkmale aufweisen:

a) Sie darf mit keinen der in ihren Geltungsbereich fallenden möglichen Beobachtungen im Widerspruch stehen, Beobachtung natürlich im methodisch-kritischen Sinne und nicht in dem des alltäglichen ›gesunden Menschenverstandes‹[6]. Daraus folgt aber, daß alle aus der Theorie abgeleiteten Sätze an der Erfahrung prüfbar sein müssen. Alle nicht diesem Kriterium genügenden Aussagen bleiben pure Behauptungen. So ist z. B. die gelegentlich in der Persönlichkeitspsychologie anzutreffende These, daß die Person eine ›Leib-Seele-Geist-Einheit‹ sei, für eine Theorie, wie sie hier gemeint ist, irrelevant, weil sich eine solche These jeder empirischen Prüfung entzieht. Hinsichtlich der Überprüfung ist es nun zwar so, daß jede einzelne Beobachtung, jedes einzelne experimentelle Ergebnis, das dem zugrunde gelegten Satz bzw. daraus nach logischen Prinzipien ableitbaren Folgerungen widerspricht, diesen Satz falsifiziert; da aber theoretische Sätze als Regeln oder Gesetze notwendigerweise allgemeine Aussagen sind, können noch so viele Einzelergebnisse diesen Satz – zumindest in seinem allgemeinen Geltungsanspruch – nicht im strengen Sinne verifizieren, denn es kann nicht ausgeschlossen werden, daß andere Beobachtungen der gleichen Art zu neuen Ergebnissen führen. Die Theorie bedarf also weiterer kritischer Instanzen.

b) Sie muß in sich widerspruchsfrei oder in sich logisch konsistent sein. Z. B. können folgende, in der Persönlichkeitspsychologie häufig angenommene Sätze nicht beide für den gleichen Bereich gelten: Die Bedingungen, auf die sich die Variabilität in einem spezifischen Verhaltensbereich zurückführen läßt, sind voneinander unabhängig und wirken additiv zusammen (vgl. die Ausführungen über faktorenanalytische Persönlichkeitskonzeptionen, S. 54 f.) und die Bedingungen, auf die Verhalten zurückgeführt wird, sind in einem System mit allseitiger Interrelation zusammengeschlossen (vgl. S. 132 f.).

Damit aber eine scharfe Prüfung auch in Hinsicht der inneren Konsistenz möglich wird, müssen die in die Theorie eingehenden Sätze in einer formalisierten Sprache gebildet und die verwendeten Symbole oder Begriffe eindeutig definiert sein. Daß eine solche allgemein anerkannte Sprache und solche Begriffe in der Persönlichkeitspsychologie noch nicht zur Verfügung stehen, macht ihre Hauptschwierigkeit aus. Auf Einzelheiten der Begriffsbildung kann dennoch hier nicht eingegangen werden[7]. Analog zu den Überlegungen unter a) ist es auch hier so, daß logische Inkonsistenz eine Theorie falsifiziert, logische Konsistenz sie aber nicht verifiziert. Nicht nur erweislich falsche Theorien, sondern auch offen als solche erkenntliche Wahnsysteme, wie sie in bestimmten Geisteskrankheiten gebildet werden, können in sich logisch völlig konsistent sein.

c) Neben den genannten Kriterien muß deshalb eine Theorie weiter erfüllen, daß die in sie eingehenden Sätze allseitig aufeinander beziehbar bzw., wo sie in einem Über- und Unterordnungsverhältnis stehen, auseinander ableitbar sind. Ein bekanntes Beispiel dafür ist die Sinnlosigkeit aller Spekulationen zu einem Perpetuum mobile, das sich nicht in den gesicherten theoretischen Bestand der Physik einordnen bzw. dessen Unmöglichkeit sich aus physikalischen Prinzipien begründen läßt. In dieser Ableitbarkeit und in der Übereinstimmung im System aller Sätze einer Theorie liegt ihr Begründungszusammenhang. Erst in diesem Sinne begründete Sätze, die kritische Erfahrungen widerspruchsfrei und zureichend erklären, pflegt man ›wahre‹ Sätze zu nennen. Wenn auch die Persönlichkeitstheorie solche Sätze anstrebt, muß ihr Ziel eine umfassendere Theorie sein, als sie in einzelnen Thesen oder ausschnitthaften Wissensbeständen zur Verfügung steht. Eine einheitliche umfassende Theorie wäre nicht nur Verpflichtung für alle Forscher, den Isolationismus einzelner Schulen, die Apartheid in der Bildung von Theorien aufzugeben und jeder an seiner Stelle beizutragen zu in der Erfahrung bewährtem und im theoretischen Zusammenhang gesichertem Wissen, sondern eine solche Theorie könnte auch den weiteren Fortgang der wissenschaftlichen Arbeit steuern, inso-

fern durch sie die Fragestellung systematisiert und die Entwicklung der Methodik reguliert werden könnte [8].
Anschließend an all diese Überlegungen kann das Ziel der Persönlichkeitsforschung somit formuliert werden: eine Theorie als ein nach logischen Prinzipien strukturiertes System von Sätzen, welche die Bedingungen individuellen Verhaltens und die Regeln beinhalten, nach denen es daraus folgt.

III. Die Methoden der Persönlichkeitspsychologie

Gegenstand, Ziel und Methoden jeder Wissenschaft stehen in engen wechselseitigen Beziehungen. Insofern der Gegenstand der Persönlichkeitspsychologie mit dem individuellen Verhalten als einer realen Größe mit folglich ebenso realen Bedingungen gesetzt ist, können die Methoden seiner Erforschung nur empirische sein. Empirische Methoden beschränken sich im wesentlichen auf Beobachtung, Messung sowie Experiment und damit auf quantitativ faßbare Daten. Es ist leicht einzusehen, daß die Annahme dieser Methoden für die Erfassung des nach Goethe »höchsten Glücks der Erdenkinder«, nämlich der Persönlichkeit, gerade in der deutschen Tradition nur unter Schwierigkeiten erfolgen konnte. Das Unbehagen an der Anwendung quantitativer Methoden in der Persönlichkeitsforschung drückte am eindrucksvollsten wohl Lersch aus, als er feststellte:

> »Es ist nicht die experimentelle Situation des Laboratoriums, sondern die existentielle Situation des Lebens, durch die ein Gefühl des Hasses und der Liebe, ein Akt unwiderruflicher Entscheidung, eine Haltung des Mutes oder der Tapferkeit, eine Manifestation echter, der seelischen Tiefe eingewurzelter Gesinnung zum Vollzug gebracht und damit der Beobachtung zugänglich gemacht werden.« (Lersch, 1962, S. 88)

Aber nicht nur auf die Gelehrtenstuben beschränkte sich dieser Methodenstreit, sondern auch in der Öffentlichkeit beschäftigte man sich mit Fragen wie: »ist der Mensch meßbar« und drückte starke Zweifel daran aus [9].
Freilich sind Phänomene wie ›Wesen‹ oder ›Würde‹ des Menschen und auch Sinn oder Bestimmung seines Lebens nicht zahlenmäßig ausdrückbar. Aber dies sind auch keine Fragen der Persönlichkeitspsychologie als einer empirischen Disziplin, sondern eher Probleme einer philosophischen Anthropologie. Keinesfalls kann die Richtigkeit obiger Feststellungen von Lersch bezweifelt werden; ebensowenig aber auch die Tatsache, daß

Liebe und Haß, Konflikte und Entscheidungen, Haltungen und Gesinnungen reale Gegebenheiten sind, die zwangsläufig realen Bedingungen folgen müssen. Reale Bedingungen sind aber ihrerseits nur empirischen Methoden zugänglich, auch wenn dabei auftretende Schwierigkeiten zunächst unüberwindlich erscheinen mögen. Verstärkt wird dieser Zwang zur Empirie noch durch das Faktum, daß Verhalten auch ein arationales Phänomen ist, daß seine Bedingungen also nicht anhand logischer Prinzipien aus einem Satz von Axiomen deduzierbar sind.

Eine Zusammenfassung philosophisch orientierter Lehren von der Persönlichkeit findet sich bei Revers (1960).

Aus diesem Streit der Methoden entstand eine Krise der Psychologie[10], die noch im vergangenen Jahrzehnt nicht überwunden schien. Auf die diesbezügliche Auseinandersetzung kann in unserem Zusammenhang nicht näher eingegangen werden. Es erübrigt sich auch insofern, als die gegenwärtige Persönlichkeitspsychologie mit nur noch ganz wenigen Ausnahmen empirisch orientiert ist. Im folgenden sollen die wichtigsten Leitlinien empirischer Persönlichkeitsforschung aufgezeigt und ihre Grundbegriffe erörtert werden.

Zu diesem Zweck kann auf ein Schema zurückgegangen werden, das Stern schon 1911 in seiner ›Differentiellen Psychologie‹ ent-

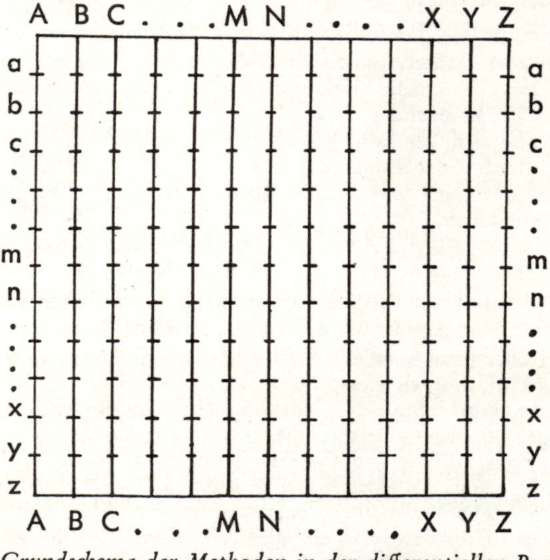

Abb. 1: Grundschema der Methoden in der differentiellen Psychologie (nach Stern, 1921, S. 17)

worfen hat. Mit diesem Buch sollte nach den eigenen Worten des Autors die differentielle Psychologie als empirische Wissenschaft begründet werden. Dem Schema liegt die Annahme zugrunde, daß diese Disziplin zwei Tatbestände berücksichtigen muß, nämlich Individuen einerseits und die sie kennzeichnenden Merkmale andrerseits.

Aus den zwei Dimensionen dieses Schemas ergeben sich nach Stern vier grundsätzliche Forschungsrichtungen:

(1) Ein horizontaler Schnitt bedeutet, daß ein Merkmal (m) über viele Individuen (A ... Z) untersucht wird. Stern nennt diese Möglichkeit ›Variationslehre‹. Bekanntestes Beispiel dafür ist die Erforschung der Intelligenz in ihrer ganzen Spannweite von den verschiedenen Graden des Schwachsinns (Idiotie, Imbezillität, Debilität) bis hin zu den unterschiedlichen Ausprägungsarten des Genialen.

(2) Ein vertikaler Schnitt bedeutet, daß ein Individuum (M) hinsichtlich vieler, am besten natürlich aller relevanten Merkmale (a ... z) untersucht wird. Stern nennt dies ›Psychographie‹. Hier wären alle Versuche umfassender Persönlichkeitsbeschreibung und -begutachtung als Beispiel zu nennen. Stern berücksichtigt dabei nur den momentanen Status eines Individuums und nicht seine Entwicklungsgeschichte. Dieser Ansatz wird heute ›Querschnittsanalyse‹ genannt. Nimmt man zu obigem Schema als dritte Dimension die Zeit und untersucht ein Individuum hinsichtlich seiner Merkmale zu verschiedenen Zeiten, dann ergibt sich die ›Längsschnittanalyse‹.

(3) Zwei oder mehrere horizontale Schnitte durch das Schema bedeuten, daß zwei oder mehr Merkmale über viele Individuen im Hinblick auf ihren Zusammenhang untersucht werden. In der Sternschen Terminologie heißt dieses Vorgehen ›Korrelationsforschung‹. Als Beispiel kann man sich die berühmten Untersuchungen von Kretschmer über den Zusammenhang zwischen Körperbauform und Temperamentseigenart vorstellen.
Eine Erweiterung dieses Ansatzes, nämlich die mathematische Analyse der in einer Matrix zusammengefaßten Korrelationskoeffizienten zwischen allen untersuchten Merkmalen, hat als ›Faktorenanalyse‹ in der Persönlichkeitsforschung große Bedeutung erlangt (vgl. S. 54 f.).

(4) Zwei oder mehr vertikale Schnitte bedeuten, daß zwei oder mehr Individuen hinsichtlich vieler Merkmale miteinander verglichen werden. Diese von Stern ›Komparationslehre‹ genannte Forschungsrichtung, für die er als Beispiel die Familienforschung und eine »Vergleichung von Schiller und Goethe« anführt, ist in der Folge nicht so intensiv genutzt worden wie die anderen. Es sei denn, man betrachtet die Typologien, bei denen regelmäßige Merkmalsvergesellschaftungen untersucht werden, als Teil dieser Forschungsrichtung. Die Berechtigung dazu ergäbe sich daraus, daß die modernste Form dieser Forschung auch über eine bestimmte faktorenanalytische Technik

betrieben wird, bei der die Korrelationskoeffizienten nicht zwischen zwei Merkmalen über viele Individuen, sondern zwischen je zwei Individuen über viele Merkmale bestimmt werden.

Dieses methodische Grundschema gibt wohl umfassende aber freilich nur sehr allgemeine Forschungsrichtungen in der Persönlichkeitspsychologie an. Es besagt nichts darüber, wie im Einzelfall zur Beantwortung einer Frage, zur Prüfung einer Hypothese oder gar zur Erstellung einer Theorie zu verfahren ist. Dazu müssen noch einige Überlegungen zum praktischen wissenschaftlichen Vorgehen angeschlossen werden.

1. Die Beobachtung

Praktisch jede erfahrungswissenschaftliche Tätigkeit beginnt mit der Beschreibung des zu erforschenden Gegenstandes, die ihrerseits in der Beobachtung gründet. Als selbstverständliche Voraussetzung auch allen psychologischen Tuns reicht diese Methode von mehr oder weniger zufälligen Alltagsbeobachtungen bis hin zur phänomenologischen Wesensschau [11]. Insgesamt ist sie aber problematischer, als es zunächst den Anschein haben mag.

Je nach Gegenstand werden in der Psychologie verschiedene Formen der Beobachtung unterschieden. Zu den wohl folgenschwersten Auseinandersetzungen führte die Unterscheidung zwischen ›Selbstbeobachtung‹ (Introspektion) und ›Fremdbeobachtung‹ (Verhaltensbeobachtung). Als sich die Psychologie im vorigen Jahrhundert mit dem Gegenstand ›Bewußtsein‹ oder der ›inneren Erfahrung‹ als selbständige Wissenschaft etablierte, war – da man bewußtes Erleben nirgendwo anders findet als in sich selbst (Rohracher, 1963, S. 69) – die Selbstbeobachtung ihr wichtigstes methodisches Instrument. Insofern Erleben als individuelle Gegebenheit an die Innenwelt seiner individuellen Träger gebunden ist (Lersch, 1962, S. 7), sprach man der Selbstbeobachtung auch in der Persönlichkeitsforschung eine wesentliche Bedeutung zu.

Als zu Beginn dieses Jahrhunderts in den USA vor allem mit den programmatischen Schriften von Watson [12] der Behaviorismus als ›positive Psychologie‹ begründet wurde, geschah es in ausdrücklicher Entgegensetzung zu Gegenstand und Methoden der bis dahin betriebenen Psychologie. Weil die Introspektion prinzipiell nur von einzelnen an sich selber vorgenommen werden kann und deswegen nicht zu nachprüfbaren, objektiven Resultaten führt, weil die mittels Selbstbeobachtung gewonnenen

Daten nicht oder nur schwer quantifizierbar sind, und weil die mit ihrer Hilfe getroffenen qualitativen Unterscheidungen begrifflich nicht in erwünschter Weise präzisiert werden können, wurde diese Methode als unwissenschaftlich verworfen. An ihrer Stelle wurde die Fremdbeobachtung, d. h. die Registrierung beobachtbarer Reaktionen bei Versuchstieren oder Versuchspersonen gesetzt. Auch Persönlichkeitspsychologie wurde nach dem neuen inhaltlichen und methodischen Ideal betrieben; über das Persönlichkeitsmodell Watsons wird in späterem Zusammenhang berichtet (vgl. S. 51 f.).

Die Auseinandersetzung zwischen beiden Standpunkten füllt Bände. Hier können nur die wichtigsten Gesichtspunkte aufgezählt werden.

Für die Notwendigkeit der Selbstbeobachtung spricht, daß wir über viele Tatsachen, von denen unser Verhalten abhängt, wie Hunger, Angst usw. nur aus dem je streng privaten Erleben wissen. An wichtigen Einwänden gegen sie als zureichende psychologische Methode müssen angeführt werden:

a) die Gefahr der Selbsttäuschung; experimentell eindrucksvoll aufweisbar an dem posthypnotischen Phänomen der sekundären Rationalisierung [13],

b) die Frage, ob es gelingt, trotz der unbestritten möglichen Rückwendung der Erkenntnisintention auf das eigene Selbst (Reflexion), im strengen Sinne gleichzeitig sowohl ein Erlebnis zu haben, als es auch zu beobachten,

c) die Tatsache, daß jede Beobachtung als solche das zu beobachtende Phänomen ändert.

Hauptvorteil der Fremdbeobachtung ist, daß der gleiche Vorgang jeweils von mehreren unabhängigen Beobachtern protokolliert werden kann und Aussagen darüber prüfbar werden. Außerdem wird in der Fremdbeobachtung verstärkt der Einsatz von technischen Geräten möglich, mit denen die Schwächen unserer Sinne ausgleichbar sind [14]. Die größte Schwäche dieser Art von Fremdbeobachtung [15] liegt darin, daß trotz noch so genauer Registrierung einzelner Verhaltensweisen nichts darüber aussagbar wird, was an Erlebnissen in dem sich verhaltenden Individuum vorgeht, was aber ohne Zweifel auch zu den Verhaltensdeterminanten gehört. Der Behaviorismus versuchte diese Schwäche dadurch auszugleichen, daß sog. ›mündliche Berichte‹ der Versuchspersonen gegeben wurden oder daß von ›verbalen Reaktionen‹ gesprochen wurde. Damit war aber sein strenges

Prinzip bereits durchbrochen, denn diese Berichte konnten ja ihrerseits nur auf Selbstbeobachtung, nun allerdings seitens der Versuchspersonen, beruhen.
Beide Standpunkte bedienen sich – obgleich sie zunächst widersprüchlich erscheinen – im Grunde richtiger Argumente. Aber ebensowenig, wie man im Prinzip auf einen der beiden methodischen Ansätze verzichten kann, wenn man dem zu untersuchenden Gegenstand in seiner Gesamtheit gerecht werden will, lassen sich beide verabsolutieren, wenn die mit ihnen erzielten Ergebnisse sinnvoll bleiben sollen. Führt die eine Methode, ins Extrem getrieben, zu praktisch nicht relevanten, spekulativen Systemen, endet die andere in einer »Psychologie der Muskelzuckungen«, wie der radikale Behaviorismus auch in den USA selbst ironisch genannt wurde. Beide Ansätze müssen ihr Regulativ in der zu schaffenden Theorie finden.
Um die Nachteile beider Beobachtungsarten zu verringern, wurden zahlreiche Spezifikationen ersonnen. Eine wichtige Unterscheidung, die sowohl innerhalb der Selbst- als auch innerhalb der Fremdbeobachtung gilt, ist die Einteilung in ›gesteuerte‹ und in ›ungesteuerte‹ Beobachtung. Ein Extremfall gesteuerter Beobachtung liegt dann vor, wenn die Aufmerksamkeit des Beobachters ganz auf einen eng umschriebenen Vorgang gerichtet ist, wenn bewußt von allen Begleitumständen abgesehen wird und schließlich die Protokollierung noch in vorgegebenen Kategorien erfolgt. In Form sog. ›Rating-Skalen‹ wird diese Technik für die Persönlichkeitseinstufung und -beurteilung weitgehend praktiziert. Der Gegensatz dazu, die ungesteuerte Beobachtung, wird dann angewandt, wenn die spezifisch gerichtete Aufmerksamkeit ein Nachteil ist, weil sie den Blick einengt. Sie ist besonders brauchbar, wenn das Beobachtungsziel sehr allgemein bzw. unbestimmt ist, wie in bestimmten psychodiagnostischen Beobachtungstechniken. Freud empfiehlt z. B. den Psychotherapeuten für das analytische Gespräch einen Zustand der »freischwebender Aufmerksamkeit«.
Eine weitere Dimension, auf der sowohl Selbst- als auch Fremdbeobachtung unterschieden werden können, ist der Grad ihrer Zufälligkeit bzw. ihrer Systematik. Auch wenn wissenschaftliche Tätigkeit als solche immer systematisch sein sollte, können doch Zufallsbeobachtungen zumindest zur Hypothesenbildung beitragen. Dabei muß sich aber vor allem der ungeschulte Beobachter der Gefahr bewußt sein, daß auch die scheinbar neutralste Wahrnehmung nicht nur von der Eigenart des beobachteten Gegenstandes oder Prozesses abhängt, sondern immer ›im Lichte

einer Theorie‹ erfolgt, einer Theorie, die bei Alltagsbeobachtungen natürlich zumeist implizit und deshalb um so gefährlicher ist.
Die Systematisierung der Beobachtung muß hinsichtlich mehrerer Merkmale erfolgen:

a) Wegen der immer auftretenden interindividuellen Differenzen zum gleichen Sachverhalt genügt es nicht, einen Fall, also eine Versuchsperson zu untersuchen, sondern es muß – abhängig von der erwünschten Sicherheit der angestrebten Aussage – eine mehr oder minder große Anzahl von Individuen in die Untersuchung eingehen. Ihre Auswahl muß in Hinblick auf die spezifische Fragestellung sorgfältig geplant sein.

b) Um bei der Beobachtung bestimmter Abläufe Einflüssen zu entgehen, die durch den zufälligen Zeitpunkt der Untersuchung bedingt sind, muß auch die Beobachtungszeit in die Planung der Untersuchung eingehen. Als Sonderform der Zeitplanung bei der Beobachtung hat die ›Zeitstichproben-Technik‹ (time sampling) vor allem bei der Beobachtung von Kindern Bedeutung erlangt.

c) Neben den Fragen, wer beobachtet wird und wann dies geschehen soll, steht natürlich das so selbstverständlich erscheinende und dennoch so schwierige Problem des ›Was‹ der Beobachtung im Vordergrund der Untersuchungsplanung. So gibt es wohl für Einzelvorhaben konkrete Vorschläge, wie z. B. die Kategorien von Bales für die Beobachtung von Gruppenprozessen[16], doch läßt sich eine Auswahl dessen, was beobachtet werden soll, nur im Rahmen einer bereits entwickelten Theorie treffen.

Eine optimale Wirkung wird die Beobachtung als Methode der Persönlichkeitspsychologie dann haben, wenn man alle ihre Möglichkeiten kennt und sich ihrer Schwächen bewußt bleibt. Sie wird gebraucht und weiter entwickelt werden müssen; keinesfalls aber wird sie allein zu einer adäquaten Erfassung des untersuchten Gegenstandes ausreichen.

2. Das Experiment

Die systematischste Form der Beobachtung ist das Experiment. Experimente können sowohl im Rahmen der Selbstbeobachtung wie auch im Rahmen der Fremdbeobachtung durchgeführt werden. Rohracher unterscheidet dementsprechend zwischen Erlebnis- und Leistungsexperimenten. Von der Beobachtung, wie sie bisher besprochen wurde, ist das Experiment jedoch dadurch

unterschieden, daß die Bedingungen, unter denen eine spezifische Beobachtung stattfinden soll, planmäßig hergestellt werden: »Experiment oder wissenschaftlicher Versuch heißt die Bemühung, Bedingungen herzustellen nur zu dem Zweck, ihren Einfluß auf einen fraglichen Gegenstand oder Sachverhalt zu beobachten.« (Metzger, 1952, S. 143)
Zu dieser Willkürlichkeit in der Herbeiführung eines zu beobachtenden Sachverhalts unter Bedingungen, die vom Untersucher gesetzt und kontrolliert werden, kommen als klassische Kriterien für Experimente in der Psychologie, die schon Wundt formuliert hat, die Wiederholbarkeit des Versuchs und Variierbarkeit der gesetzten Bedingungen.
Im Experiment können also planmäßig psychologische Sachverhalte unseres Gegenstandsbereiches analysiert werden. Die sog. experimentelle Psychologie hat deshalb eine reiche Tradition in unserer Wissenschaft, wenn auch vor allem in der allgemeinen Psychologie. Ohne Zweifel gestattet aber das Experiment als eine Frage an die Natur, die wir methodisch beantworten (Kant), auch in der Persönlichkeitspsychologie systematisch zu angestrebten Kenntnissen zu gelangen. Es hat zumindest drei Funktionen im Fortgang der Persönlichkeitsforschung:

a) Als ›Erkundungsexperiment‹ (Metzger, a. a. O.) soll es in Bereichen, die noch wenig bekannt sind, erste Hinweise liefern. Z. B. kann man die Frage, wie sich ein Individuum verhält, wenn ihm weitgehend alle Außenweltreize entzogen werden, nur beantworten, wenn man diesen Zustand herbeiführt[17].

b) Im normalen Forschungsbetrieb werden entweder aus Einzelbeobachtungen Verallgemeinerungen gebildet und daraus Voraussagen abgeleitet, die in der Erfahrung zutreffen müssen, wenn die Verallgemeinerung zu Recht besteht, oder es werden nach logischen Prinzipien Annahmen über Einzelereignisse aus vorausgehend erstellten Theorien gebildet, die sich ebenfalls erweisen lassen müssen, wenn die zugrunde liegende Theorie nicht als falsifiziert gelten soll. In beiden Fällen hat das ›Forschungsexperiment‹ die Funktion, eine Entscheidung über Hypothesen zu ermöglichen. Z. B. kann man, um die Hypothese zu prüfen, daß ›Ehrlichkeit‹ eine durchgängig verhaltensdeterminierende Eigenschaft ist, eine genügend große Anzahl von Versuchspersonen in mehrere entsprechend vorbereitete Situationen bringen, die alle ›unehrliches‹ Verhalten, aber in verschiedener Form nahelegen und das tatsächliche Verhalten registrieren sowie miteinander in Beziehung setzen. (Es zeigen sich nur geringe

Zusammenhänge zwischen verschiedenen Formen unehrlichen Verhaltens[18].)

c) Im ›Entscheidungsversuch‹ oder dem experimentum crucis (Metzger, 1952) sollen bei Vorliegen widersprüchlicher Hypothesen zum gleichen Sachverhalt die Versuchsbedingungen so gestaltet werden, daß eine Entscheidung zwischen den konkurrierenden Aussagen möglich wird.
So gibt es z. B. für den Fall, daß in einem Individuum zwei auf den gleichen ›Gegenstand‹ bezogene widerstreitende Affekte auftreten, mindestens folgende zwei Hypothesen:
aa) Liebe zum Vater und gleichzeitiger Ekel vor seiner Krankheit führen zum Konflikt und eventuell zur Neurose. (Breuer, Freud, 1895)
bb) Freude an einem Gedicht, solange sein Autor unbekannt ist, und Verachtung dieses Autors durch die gleiche Person führt bei Bekanntwerden des Autors zu einem ›Gleichgewicht‹ dergestalt, daß entweder das Gedicht ab- oder der Autor aufgewertet wird. (Heider, 1958)

Es läge nun am Geschick des Experimentators, einen Versuchsplan zu entwerfen, der entweder gestattet, zwischen beiden Hypothesen zu entscheiden, oder aber die Bedingungen zu präzisieren, unter denen beide eingeschränkt ihre Gültigkeit behalten.
Erweist sich das Experiment somit auch als ganz wesentlicher Weg zu einer Klärung des Erlebens und Verhaltens, so hat es doch auch erhebliche Schwächen. Nicht nur, daß dem Experimentieren mit Menschen sehr enge praktische und ethische Grenzen gezogen sind, sondern gerade in der Persönlichkeitspsychologie zeigen sich auch sachliche Mängel dieser Methode. Sie beziehen sich auf alle drei der genannten Kriterien (Willkürlichkeit, Wiederholbarkeit, Variierbarkeit der Bedingungen).
Wegen der Willkürlichkeit in der Laboratoriumssituation hat man dem Experiment Lebensferne vorgeworfen und ihm deshalb die Relevanz für die zentralen Fragen der Persönlichkeitsforschung absprechen wollen (Lersch). Dieser Vorwurf hat gewiß einige Berechtigungen insofern, als viele Bedingungen, denen Verhalten folgt, aus naheliegenden Gründen nicht experimentell vorgegeben werden können. Richtet sich der Einwand jedoch dagegen, daß im Versuch Bedingungen gesetzt werden, die im praktischen Leben nicht auftreten, dann ist er so lange falsch, als erwünscht ist, die Auswirkungen einzelner Bedingungen isoliert zu untersuchen.

Die Wiederholbarkeit eines Experiments unter gleichen Bedingungen ist nur dann gewährleistet, wenn andere, in den untersuchten Aspekten aber vergleichbare Versuchspersonen verwendet werden. Deswegen sollte jeder Versuch so genau beschrieben werden, daß eine Wiederholung unter gleichen Bedingungen zur Überprüfung der Ergebnisse möglich ist. Ein Individuum kann jedoch infolge seiner nie zum Stillstand kommenden Entwicklung nicht als Konstante angesehen werden, wie Versuchsobjekte in den Naturwissenschaften. Wenn durch nichts anderes, wird es durch die Erfahrung des Experiments selbst geändert. Die Wiederholung eines Versuchs an der gleichen Versuchsperson unter, im strengen Sinne, gleichen Bedingungen, ist also häufig schon aus diesem Grunde nicht möglich und die Wiederholbarkeit von Experimenten deswegen nicht gegeben.
Die schwerwiegendsten Konsequenzen hat aber die Variierbarkeit der Bedingungen in Experimenten, insofern sie die Kontrolle aller Bedingungen voraussetzt. Üblicherweise nimmt man als Experimentator an, so zu verfahren, daß man alle Bedingungen konstant hält, um nur die, deren Wirkung man untersuchen möchte, planmäßig variieren zu lassen. Aussagen, die so gewonnen werden, gelten dann natürlich nur ›unter sonst gleichen Bedingungen‹, wie die übliche Formulierung lautet. Diese zwangsläufig anzunehmende Bedingungsgleichheit trifft aber in erlebenden und handelnden Individuen niemals zu. Ein einfaches Beispiel: Man will die Auswirkung der Intelligenz auf den Erfolg in der Schule oder beim Studium untersuchen und vergleicht deshalb bei einer Reihe ausgesuchter Versuchspersonen ihre Meßwerte für Intelligenz mit irgendwelchen Kennwerten für die Schulleistung oder den Studienerfolg. Nun ist die Schulleistung aber nicht nur eine Funktion der Intelligenz, sondern von einer Vielzahl anderer Bedingungen abhängig. Sie alle zu kontrollieren ist unmöglich; die Schwierigkeiten gehen aber noch weiter.
Nimmt man aus der Vielzahl der Bedingungen, von denen der Schulerfolg abhängt, als einzige die Leistungsmotivation noch heraus, dann ließe sich diese vielleicht bei sehr sorgfältiger Versuchsplanung für viele Versuchspersonen auf einem Mittelwert konstant halten; das besagt dann jedoch nichts für Einzelpersonen, über die aber Aussagen in der Persönlichkeitspsychologie gesucht werden, und vor allem läßt sich zeigen, daß zwischen den beiden Bedingungen Intelligenz und Leistungsmotivation enge Interdependenzen bestehen, die ihrerseits wiederum nicht für alle Fälle konstant sind. Die scheinbar ›unabhängige Vari-

able‹, als deren Funktion die ›abhängige Variable‹ durch das Experiment dargestellt werden soll, erweist sich somit als Punkt in einem eng verflochtenen System wechselseitiger Abhängigkeiten, dessen angeblich isolierte Variation im klassischen Experiment die tatsächliche Funktion im Bedingungssatz menschlichen Verhaltens nicht adäquat trifft.

Auch das Experiment als die bislang systematischste und präziseste Methode in unserem Bereich bedarf also der Reflexion und der Weiterentwicklung für die spezifischen Belange der Persönlichkeitsforschung; wie überhaupt der Fortschritt jeglicher Wissenschaft auch von der Fortentwicklung ihrer Methoden abhängt. Aber auch mit seinen Mängeln gehört das Experiment zum unverzichtbaren methodischen Inventar der Persönlichkeitspsychologie, solange es nur überlegt angewendet wird.

3. Messen und Tests

Bei Experimenten lassen sich sog. ›qualitative‹, also solche, bei denen es sich darum handelt, das Auftreten oder Ausbleiben eines bestimmten Phänomens unter bestimmten Bedingungen zu erweisen, und sog. ›quantitative‹, bei denen es um das spezifische Ausmaß einer Erscheinung geht, unterscheiden. An Merkmalen verschiedene Ausprägungsgrade festzustellen, heißt nichts anderes als messen. Messungen werden aber nicht nur in der Persönlichkeitsforschung vorgenommen, sondern auch alle praktischen psychodiagnostischen Bemühungen, also alle Versuche, die Eigenart einzelner Individuen anhand definierter Merkmale zu bestimmen, bedienen sich messender Methoden.

Die Diskussion darüber, ob Messen im psychischen Bereich möglich ist, kann als abgeschlossen gelten. Jedoch ist die Erörterung bestimmter meßtheoretischer Probleme insbesondere deswegen unerläßlich, weil der Terminus ›messen‹ in der Wissenschaft etwas ganz anderes bedeutet, als man dies von dem gleichen umgangssprachlichen Wort gewöhnt ist. Messen ist nach der Definition von Campbell die Zuordnung von Zahlen zu Gegenständen oder Ereignissen nach bestimmten Regeln. Um zu klären, was messen heißen soll, muß zunächst erörtert werden, was Zahlen sind und welche Regeln für ihre Anwendung gelten sollen.

Um zu einem einfachen Verständnis zu kommen, brauchen nicht die bekannten Arten von Zahlen (z. B. rationale, irrationale usw.) unterschieden zu werden, sondern es kann von einer ihnen allen gemeinsamen Tatsache ausgegangen werden: Zahlen sind

– wie die Mathematik insgesamt – nicht ›entdeckt‹, sondern ›erfunden‹; sie sind also Schöpfung menschlichen Geistes, nichts sonst. Welche Eigenschaften sie haben, ist demnach zunächst davon abhängig, welche bei ihrer Setzung angenommen werden. Diese Eigenschaften werden geregelt durch einen Satz von Postulaten, welcher einem gegebenen Zahlensystem zugrunde liegt. In unserem Zusammenhang interessieren jene, welche die Identität, die Rangfolge und die Additivität betreffen. Je nachdem nun, welche der Postulate als gültig angenommen werden, ändern sich die Eigenschaften der Zahlen und mit ihnen die Möglichkeit der durchführbaren mathematischen Operationen. Das Zuordnen von Zahlen, die verschiedene Eigenschaften haben, entspricht damit verschiedenen Niveaustufen des Messens. Guilford (1954) beschreibt im Anschluß an Campbell (1938) und Stevens (1951, 1959) vier grundlegende Möglichkeiten, die in Tabelle 1 zusammengefaßt sind. Die Nichtbeachtung der darin enthaltenen Unterscheidungen sowohl bei den Kritikern der quantitativen Methoden in der Psychologie allgemein als auch in der Persönlichkeitspsychologie im besonderen, und zwar bei solchen Forschern, welche diese Methoden unreflektiert anwenden, dürfte neben weltanschaulichen Gründen die Hauptursache für die Schwierigkeiten sein, die den messenden Methoden in der Persönlichkeitsforschung im Weg stehen.
Die in der Tabelle enthaltenen Angaben sprechen wohl für sich; da aber das Verständnis wenigstens dieser vier grundlegenden Meßniveaus (weitere Differenzierungen finden sich bei Festinger, 1964, und Togerson, 1958) für die Anwendung messender Verfahren und für die kritische Beurteilung von mit solchen Methoden gewonnenen Forschungsergebnissen besonders wichtig ist, seien sie noch kurz zusätzlich erläutert:

a) Die Nominalskala: Diese ›niedrigste‹ Form der Messung erlaubt die Klassifizierung von Gegenständen nach verschiedenen Qualitäten. Die dabei verwendeten Zahlen haben keine andere Eigenschaft als die der Identität mit sich selbst. Weder über ihre Reihenfolge, also über ihre Richtung, noch über die Abstände zwischen ihnen ist etwas aussagbar. Sie sind deshalb beliebig gegeneinander austauschbar, wenn der Tausch nur systematisch geschieht. Berühmtes Beispiel dafür ist die Klassifikation von Menschen in Körperbautypen:

1	2	3	4	5
leptosom	pyknisch	athletisch	dysplastisch	Mischformen

Tabelle 1: Übersicht über die wichtigsten Niveaustufen des Messens (nach Guilford, 1954, S. 11 f.)

Postulate	den Postulaten entsprechende »Eigenschaften« der Zahlen	den Zahleneigenschaften entsprechendes Meßniveau	Mit den Skalen mögliche Rechenoperation und Transformationen	Beispiele
1. entw. $a=b$ oder $a \neq b$ 2. wenn $a=b$ dann $b=a$ 3. wenn $a=b$ und $b=c$, dann $a=c$	Identität	Nominalskalen	Zählen, Häufigkeit Zur Transformation alle systematischen Operationen möglich	Unterscheidung verschiedener Qualitäten, wie leptosomer und pyknischer Körperbau.
4. wenn $a>b$, dann $b<a$ 5. wenn $a>b$ und $b>c$, dann $a>c$	Rangfolge	Ordinalskalen	Rangreihen bilden; alle »monotonen« Transformationen möglich (jede Funktion, die Rangordnung beibehält, also nicht Maximum–Minimum hat)	Härteskala für Mineralien Anzahl gelöster Aufgaben in einer Testreihe, die für eine »Fähigkeit« stehen sollen.
6. wenn $a=p$ und $b>0$, dann $a+b>p$ 7. $a+b = b+a$ 8. wenn $a=p$ und $b=q$, dann $a+b = p+q$ 9. $(a+b)+c = a+(b+c)$	Additivität (schließt alle Grundrechnungsarbeiten als Spezialfälle ein)	Intervallskalen (ohne absoluten Nullpunkt) Verhältnisskalen (mit absolutem Nullpunkt)	Addition mit Intervallen Alle Transformationen, die monoton *und* linear sind (keine Quadrate, Wurzeln, log. usw.) Addition von Skalenwerten Nur eine mögl. Transformation: Multiplikation mit einer Konstanten	Temperaturskalen, Kalenderzeit, standardisierte Testergebnisse Alle bekannten Meßskalen wie Längen-, Gewichtsmaße usw.

b) Die Ordinalskala: Allgemein gilt, daß die Merkmale des jeweilig niedrigeren Meßniveaus im höheren erhalten bleiben. Hinzu kommt auf dieser Stufe, daß die Abfolge der Zahlen geregelt ist, zwei kommt also immer nach eins, drei immer nach zwei usw. Hingegen ist auch jetzt noch nichts über die Abstände zwischen den Zahlen festgelegt. Wenn also z. B. ein Lehrer die Schüler seiner Klasse dergestalt in eine Rangordnung bringt, daß der beste Rechner den Rangplatz ›1‹ erhält, der nächstbeste den Rangplatz ›2‹ usw., dann ist nichts darüber aussagbar, ob der Abstand zwischen dem ersten und dem zweiten genauso groß ist, wie der zwischen dem zweiten und dritten usw. Es ist klar, daß so bestimmte Zahlen nicht addiert werden können, wie leicht mit Hilfe des üblichen Zahlenstrahles zu verdeutlichen ist. Greift man mit dem Zirkel auf Abb. 2 a den Abstand von 0 bis 2 und fügt ihn an den Abstand von 0 bis 3, dann erhält man die Strecke von 0 bis 5. Das gleiche Vorgehen in Abb. 2 b würde aber zum Skalenpunkt 6 führen.

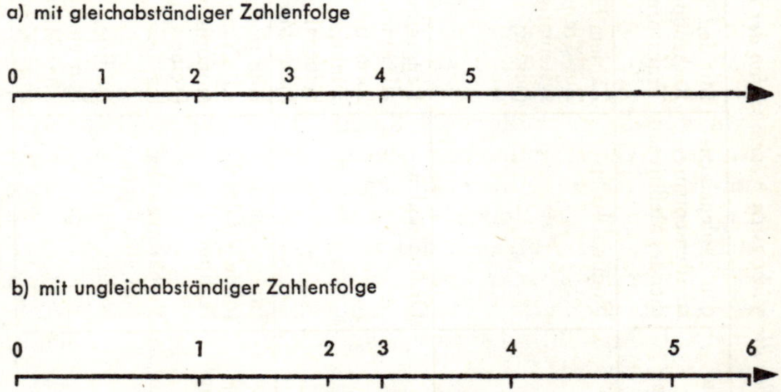

Abb. 2: Zahlenstrahl

c) Die Intervallskala: Zusätzlich zu den bisherigen Merkmalen der Zahlen müssen auf dieser Stufe des Messens auch die Abstände zwischen den Zahlen definiert sein. Erstmals wird damit eine Addition möglich, stark eingeschränkt allerdings so lange, als die Skala keinen absoluten Nullpunkt hat. Ein solcher theoretisch relevanter Nullpunkt ist aber in der Psychologie, wenn man schon auf höherem Niveau mißt, praktisch nie erreichbar; denn was sollte schon die Aussage, daß z. B. eine definierte Fähigkeit die Ausprägung ›Null‹ habe, bedeuten? Additiv verhalten sich auf dieser Stufe also nicht die Skalenwerte, sondern lediglich die Skalenabstände. Anzunehmen, ein Intelligenzquotient von 130 bedeute doppelt soviel Intelligenz wie einer von 65, ist deshalb offenbar genauso sinnlos, wie die Annahme, 30 Grad Celsius sei doppelt so heiß wie 15 Grad Celsius. Letzteres wird offenkundig, wenn man die Grade der Celsiusskala nach der Beziehung a° C = (32 + $^9/_5$ a)° F in Fahrenheitswerte transformiert. Man erhält dann nämlich als entsprechende Werte

Celsius	0°	15°	30°
Fahrenheit	32°	59°	86°

bei objektiv gleicher Temperatur. Am gleichen Beispiel läßt sich auch gut zeigen, daß auf Intervallskalenniveau das Verhältnis der Skalenabstände zueinander konstant ist, denn

$$\frac{15-0}{30-15} = \frac{59-32}{86-59} = 1$$

was offensichtlich stimmt, da beide Brüche den Wert 1 ergeben. Ganz entsprechend verhalten sich die Maße für verschieden geeichte Intelligenzskalen[19].

d) Die Verhältnisskala: Uneingeschränkt sind alle bekannten mathematischen Operationen erst auf diesem höchsten Meßniveau möglich, wo zusätzlich zu den bisherigen Bestimmungen der Zahlen noch ein absoluter Nullpunkt der Skala festgelegt werden kann. Diese Stufe dürfte aber für psychologische Messungen nur in seltenen Ausnahmefällen erreichbar sein. Denn auch dann, wenn ein Nullpunkt scheinbar festliegt, wie im Falle der Anzahl gelöster Aufgaben aus einer gegebenen Reihe, können doch weder Nullpunkt noch gleiche Abstände der Zahlen als gegeben angenommen werden, wenn die Anzahl gelöster Aufgaben als Maß für die Fähigkeit, solche Aufgaben zu lösen, interpretiert wird.

Es kann kein Zweifel bestehen, daß solcher Art Messungen ein geeignetes Werkzeug zumindest für die Beschreibung spezifischer Aspekte unseres Gegenstandes darstellen, solange man sich nur der Beschränkung der einzelnen Verfahren bewußt bleibt. Hofstätter (1953) kann deshalb zu Recht die Mathematik als Sprache eigener Struktur beschreiben. Sie hat ein eigenes ›Vokabular‹, d. h. Zahlzeichen und Symbole für Operationsvorschriften, eine eigene ›Syntax‹, also Regeln für deren Zusammenstellung, und schließlich läßt sich auch eine ›Semantik‹ bilden, eben die Regeln für die Zuordnung von Symbolen zu Beobachtungen. Durch die Beschreibung mit Hilfe von Zahlen gewinnt man aber auch den Vorteil der Behandlung von Untersuchungsergebnissen in der exakten Form mathematischer Operationen. Damit wiederum lassen sich theoretische Aussagen auf eine Form bringen, die eine scharfe Prüfung ermöglicht. Messen ist dadurch eine notwendige Grundlage des methodischen Inventars der Persönlichkeitsforschung.

Aber nicht nur in der Forschung spielt die Messung eine bedeutende Rolle, sondern auch in jenem praktischen Zweig unserer Wissenschaft, der sich mit der Bestimmung der individuellen Eigenart befaßt, nämlich der psychologischen Diagnostik. Jeder Test ist ja ein Meßinstrument und muß – um zu sinnvollen Aussagen zu führen – einer Reihe von Kriterien genügen. Darauf können wir aber in unserem Zusammenhang genausowenig eingehen wie auf die Technik der Skalenkonstruktion; dafür muß auf die einschlägige Literatur verwiesen werden[20]. Allgemein kann für psychologische Meßinstrumente nur zusammengefaßt werden, daß sie neben einer Reihe sekundärer Merkmale folgenden Kriterien genügen müssen:

a) *Objektivität* heißt, daß die Ergebnisse unabhängig von demjenigen sein müssen, der das Meßinstrument anwendet. Einflüsse, die von anderen Faktoren als dem zu messenden Gegenstand oder Vorgang ausgehen, sollten in ihrer Größe zumindest bekannt sein.

b) *Zuverlässigkeit,* in Anlehnung an das englische ›reliability‹ auch im Deutschen gelegentlich Reliabilität genannt, bezieht sich auf die Meßgenauigkeit des jeweiligen Verfahrens. Die auf der Skala dargestellte Variabilität sollte möglichst systematischer Natur sein, oder konkret, eine Messung sollte, wiederholt unter gleichen Bedingungen an den gleichen Versuchspersonen angewandt, zu gleichen Ergebnissen führen. Die in verschiedener Hinsicht geprüfte Zuverlässigkeit eines Meßinstrumentes sollte bekannt sein.

c) *Gültigkeit* oder, dem englischen ›validity‹ folgend Validität genannt, heißt jenes Kriterium, welches angibt, ob ein Verfahren tatsächlich auch das mißt, was zu messen es vorgibt. So muß z. B. ein Schulreifetest daraufhin überprüft werden, ob die Testergebnisse dem tatsächlichen späteren Schulerfolg entsprechen. Meßtheoretisch ausgedrückt, es muß kontrolliert sein, welcher Anteil der Varianz des zu messenden Phänomens gemeinsam ist mit der Varianz der Meßwerte.

Diese Kriterien, die im Prinzip alle psychologischen Meßinstrumente erfüllen müssen, sind natürlich besonders wichtig für psychologische Tests, mit deren Hilfe wissenschaftliche Aussagen über Individuen begründet werden sollen. Die weitverbreiteten Vorbehalte gegen Testergebnisse sind unberechtigt, solange sie sich nur darauf beziehen, daß Tests Meßinstrumente sind; sie erhalten Gewicht aber insofern, als viele der im Gebrauch befindlichen Verfahren den für eine verantwortliche Anwendung zu fordernden Mindestbedingungen nicht genügen.

4. Modellbildung und Simulation

Wie in vielen anderen Wissenschaften wurden auch in der Psychologie Modelle seit langem dazu verwendet, gewisse Sachverhalte oder Vorgänge zu verdeutlichen. Besonders in der Persönlichkeitspsychologie ist dieses Modelldenken weit verbreitet, und je nach Schule werden die verschiedensten Persönlichkeitsmodelle entwickelt. So beherrschten am geologischen Bild der Schichtung (Rothacker, 1948, Lersch, 1962) oder am Bild übereinander gelagerter Zwiebelschalen (Wellek, 1950) orientierte Modelle lange Zeit die deutsche Charakterologie[21]. Die wichtigsten Persönlichkeitsmodelle werden später im einzelnen dargestellt. Unabhängig von der Frage, ob solche allgemeinen verbalen Modelle für wissenschaftliche Zwecke brauchbar sind (vgl. dazu Spinner, 1968) geht es im methodologischen Zusammenhang um etwas anderes.
Seit es mehr und mehr gelingt, früher allein dem Menschen vorbehaltene Tätigkeiten für elektronische Maschinen zu programmieren, versucht man die Gesetzlichkeit dieser überschaubaren Abläufe auch zur Erklärung psychologischer Phänomene heranzuziehen. Bei diesen Tätigkeiten handelt es sich nicht nur um zwar kaum vorstellbar schnelles, aber doch rein mechanisches Rechnen, sondern auch um die Möglichkeit, logische Entscheidungen zu fällen, allgemeine Probleme zu lösen[22] (vgl. Vukovich, 1967), die Fähigkeit zu lernen (vgl. Steinbuch, 1965, und Wolf, 1966) und schließlich sogar um die Darstellung von Prozessen, die allgemein der ›Persönlichkeit‹ zugeschrieben werden, wie z. B. die Entstehung von Neurosen (vgl. Colby, 1963). Die maschinellen Prozesse werden dabei als Modell auch für menschliches Verhalten betrachtet und es wird erwartet, daß die Eigenart der entsprechenden Maschine und die Gestaltung des Programms als Bedingungen für den maschinellen Ablauf in der Form, daß sein Ergebnis dem unter analogen Bedingungen realiter beobachtbaren menschlichen Verhalten entspricht, zur Auf-

hellung der Struktur eben dieses Verhaltens und seines Bedingungsgefüges beitragen kann.

Zwar ist damit das theoretische Ziel, den realen Ursache-Wirkungszusammenhang im Bereich des Verhaltens in logischen Begründungszusammenhängen zu fassen, vorerst zurückgestellt zugunsten einer deskriptiven Darstellung bestimmter Prozeßabläufe, doch kann die Simulation von Verhalten durch entsprechende Programme auf geeigneten Maschinen viel zu unserem Wissen über die mögliche Struktur dieses Verhaltens und seiner Bedingungen beitragen.

Mit der Fassung technischer Abläufe als Modell für menschliches Verhalten entgeht man den zumeist weltanschaulich begründeten Schwierigkeiten, die sich aus einer naiven Gleichsetzung von Mensch und Maschine ergeben. Die Simulation der ablaufenden Prozesse bietet darüber hinaus mehrere Vorteile. Einmal nämlich kann sie da eingesetzt werden, wo dem Experiment aus den besprochenen Gründen in der Psychologie Grenzen gesetzt sind; zum anderen eröffnet sie die bislang nicht gebotene Möglichkeit der Überprüfung allgemeiner Theorien auf ihre innere Stimmigkeit, indem einfach theoretische Annahmen im Modell durchgespielt werden.

Die Modellbildung in dieser stark eingeschränkten, aber auch präzisierten Form und die Simulation entsprechender Prozesse auf elektronischen Automaten sind somit wesentliche Ergänzungen der Methodik in der Persönlichkeitsforschung; ihre Bedeutung dürfte angesichts ihrer Möglichkeiten sogar rasch zunehmen.

Damit ist die Übersicht über die Methoden der Persönlichkeitsforschung abgeschlossen. Für Einzelheiten muß auf die Spezialliteratur verwiesen werden. Soweit sie zum Verständnis der noch zu besprechenden Forschungsergebnisse unumgänglich notwendig sind, werden sie im Zusammenhang der einzelnen Kapitel mitgeteilt.

IV. Zusammenfassung

1. Gegenstand der Persönlichkeitspsychologie ist das Verhalten von Individuen, das wir in der uns umgebenden Welt wie andere Erfahrungsdinge vorfinden. Verhalten als Aktionen und Reaktionen von Organismen, insofern sie als Einheit tätig werden, ist so weit definiert, daß auch Begriffe wie ›Erleben‹, ›Bewußtsein‹ u. ä. als seine Korrelate oder Bedingungen darunter zu subsumieren sind. Ausgeschlossen allerdings bleiben Begriffe wie ›Seele‹, ›Wesen‹, ›Würde‹ u. ä., weil sie sich nicht auf Erfahrungsinhalte beziehen lassen. Dementsprechend bezieht sich ›Individuum‹ ausschließlich auf die je ein-

malige Organisationsform, wie sie sich aus einer gegebenen Anlage in einer unwiederholbaren persönlichen Lerngeschichte in einer jeweils spezifischen soziokulturellen Umwelt ergibt.

2. Methoden persönlichkeitspsychologischer Forschung müssen – insofern ihr Gegenstand aus der Erfahrung stammt und Verhalten als reale Gegebenheit notwendigerweise auch real aufweisbaren Bedingungen folgen muß – empirisch sein. Der darin implizierte Wirklichkeitsbegriff muß so definiert werden, daß alle nachweislich wirkenden Bedingungen, darunter auch solche, deren ›Existenz‹ sich in ihrem Gedachtwerden oder in ihrer Geltung erschöpft, wie z. B. soziale Normen oder kulturelle Werte, darunter gefaßt werden können. Die in der Persönlichkeitspsychologie angewandten empirischen Techniken können unter Beobachten, Experimentieren, Messen sowie Modellbildung zusammengefaßt werden, deren Trennung voneinander nicht scharf möglich ist. Die Methodik bedarf fortwährender Reflexion, da der Fortschritt jeder Wissenschaft in hohem Maße abhängig ist von der Verbesserung ihrer Methoden.

3. Ziel dieser wissenschaftlichen Bemühungen ist eine Theorie der Persönlichkeit, als ein logisch strukturiertes, aber einheitliches und umfassendes System von Sätzen über die Regeln, nach denen individuelles Verhalten aus seinen Bedingungen folgt. Diese Theorie muß gestatten, jegliches individuelle Verhalten in einer gegebenen Situation zu erklären. Soweit für sie diese Geltung beansprucht wird, muß die Sprache, in der sie formuliert wird, formal, verwendete Begriffe oder Symbole eindeutig definiert sein. Alle in sie eingehenden Sätze müssen den Kriterien der empirischen Prüfbarkeit, der logischen Konsistenz und der Begründung in einem Zusammenhang genügen.

4. Gegenstand, Methode und Ziel der Persönlichkeitspsychologie stehen – wie in jeder Wissenschaft – in allseitiger Interrelation. Ebenso, wie die Setzung des Gegenstandes und des Zieles die ihm adäquaten Methoden impliziert, ist das, was von Verhalten und seinen Bedingungen erfaßt wird, abhängig von den Methoden seiner Erforschung. Nur das Erfaßte kann in die Theorie eingehen, in welcher der Gegenstand beschrieben und erklärt werden soll. Durch sie wiederum, als ein entsprechend dem Fortgang der Wissenschaft sich entfaltendes System, können die Auffassung des Gegenstandes modifiziert und das methodische Vorgehen reguliert werden.

Weiterführende Literatur:

Albert (1964); Bühler (1929); Guilford (1954); Hofstätter (1953); Koch (Hdb. d. Psychol. IV, 1960); Lewin (1927); Metzger (1952); Mittenecker (Hdb. d. Psychol. IV, 1960); Salber (Hdb. d. Psychol. IV, 1960); Sixtl (1967); Spinner (1968); Thomae (1954); Traxel (1964); Wellek (1959).

B. Grundqualitäten des Verhaltens

Der Gegenstand der Persönlichkeitspsychologie ist umrissen, die Methode seiner Erforschung bestimmt und ihr Ziel ins Auge gefaßt. Die Theorie, für welche die Voraussetzungen skizziert wurden, ist freilich ein Ideal. Aber auch, wenn es vollendet niemals erreichbar sein wird, müssen alle wissenschaftlichen Bemühungen an ihm gemessen werden, wenn sie zum jeweiligen Stand bewährten und gesicherten Wissens über individuelles Verhalten und seine Bedingungen beitragen sollen. Bevor jedoch einige grundsätzliche Annahmen zur Erklärung der Mannigfaltigkeit dieses Verhaltens untersucht werden können, muß Verhalten in erster Annäherung bestimmt werden.

I. Leben als Aktivität

Die Definition von Verhalten als Aktionen und Reaktionen von Organismen als Einheiten ist insofern trivial, als Leben im allgemeinsten Sinne durch ›Tätigsein‹ gekennzeichnet ist. Dabei unterscheidet sich die Dynamik der Organismen von mechanischen Bewegungsabläufen durch das Wirken systemeigener Kräfte, ist also nicht nur von ›äußeren‹ Bedingungen abhängig.
Auf die anatomischen Grundlagen und die hirnphysiologischen Forschungen zur Produktion der Erregung, die als Antrieb erlebt wird und sich in Aktivität umsetzt, kann in unserem Zusammenhang nicht eingegangen werden. Schmidtke (1965) hat die einschlägigen Ergebnisse aus psychologischer Sicht zusammengestellt und gibt auch eine umfassende Bibliographie. Aufschlußreich ist aber ein Zitat des physiologisch orientierten Psychologen Hebb (1955, zitiert nach Thomae, Hrg., 1965, S. 435):

»Das Gehirn des Menschen ist darauf angelegt, Aktivität zu entwikkeln; solange es entsprechend ernährt wird, wird es auch weiterhin aktiv bleiben. Nur die Aktivität des Gehirns bestimmt das Verhalten; und daher besteht das einzige Problem darin, die Inaktivität zu erklären.«

Daß ein Organismus aktiv wird, bedarf von seiten der Persönlichkeitspsychologie damit keiner besonderen Erklärung, denn allgemeine Aktivität ist mit der Wahl des Gegenstandes bereits gegeben.

II. Das Individuum als Einheit

Subjekte des Erlebens und Verhaltens sind letztlich nur Individuen; sie erleben und handeln als Einheiten in mindestens dreierlei Hinsicht:

Im biologischen Sinn funktioniert der Organismus als Einheit, d. h. im Zusammenschluß der ihn konstituierenden Organe, oder er hört auf, Organismus zu sein. Anatomische Präparate zeigen unter künstlichen Bedingungen wohl Erscheinungen, die man noch als ›Leben‹ bezeichnen kann, aber nicht mehr als ›Verhalten‹ in der hier gemeinten Bedeutung.

Im psychologisch-subjektiven Sinn manifestiert sich diese Einheit in dem mehr oder weniger klaren Ichbewußtsein, das allem Erleben und Handeln zugrunde liegt: »Ich bin es, der dieses sieht und jenes hört; ich habe das erlebt und werde dies tun« usw. Es ist das eine Ich, auf das man sich auch dann noch bezieht, wenn man etwas nicht mehr gern der eigenen Persönlichkeit zuschreibt wie dann, wenn man ›außer sich‹ war. Dort, wo diese Einheit des Erlebens offensichtlich wirklich zerbricht, wie in bestimmten Geisteskrankheiten, spricht man konsequenterweise von ›Persönlichkeitsspaltung‹ oder ›Persönlichkeitsdefekt‹.

Auch im psychologisch-objektiven Sinn, also dann, wenn das erlebende Subjekt zum Objekt der Erkenntnis wird, bleibt das Individuum die Einheit, dem die verschiedensten Merkmale zugesprochen werden. Zwar ist es möglich, von Einzelpersonen zu abstrahieren, die sie kennzeichnenden Merkmale zu substantivieren und darüber Aussagen zu machen, wie z. B. über ›die Intelligenz‹; im Zusammenhang konkreten Verhaltens aber ist es unmöglich, solche Merkmale ohne die Bezüge zu denken, wie sie eben immer nur in dem je einen Individuum gegeben sind. Das Abstraktum ›Intelligenz‹ kann nicht als Verhaltensdeterminante gedacht werden, ohne eine gleichzeitige Aufgabe, eine Bedürfnislage usw. mitzudenken.

III. Die Gerichtetheit des Erlebens und Verhaltens

Jedes Erleben ist zwangsläufig das Erleben von etwas, jedes Verhalten ein Verhalten in bezug auf etwas. Insofern tritt neben die Grundqualität der Einheit des sich verhaltenden Individuums jene der Gerichtetheit des Verhaltens. Richtung läßt sich jeweils in spezifischer Form für alles psychische Geschehen

aufweisen. Im einzelnen ist sie vielfach experimentell belegt, wie z. B. für den Denkablauf, der nicht chaotisch geschieht, sondern einer ›Aufgabe‹ (vgl. Külpe, 1904) bzw. einer ›determinierenden Tendenz‹ (vgl. Ach, 1905) folgt, oder für die Bedürfnisse, die ebenso unter dem Aspekt ihrer Zielgerichtetheit zu verstehen sind, wie unter dem der sie verursachenden Faktoren, oder für Einstellungen, die auf ein Objekt bezogen sind.
Aber nicht nur Einzelphänomene sind in diesem Sinn ›gerichtet‹, sondern der ganze Lebensablauf eines Individuums. Von Adler stammt das Konzept des »individuellen Lebensplanes«, der über alle Einzelabläufe hinweg verfolgt wird, und Allport (1949, S. 219) formuliert: »Was im Leben vor einem liegt, nimmt in jedem Augenblick dynamische Formen an«, und stellt damit die Richtung schon in ein spezifisches energetisches Modell. Schließlich gibt es auch gute Gründe für die Annahme, daß analog zur biologischen Gesetzlichkeit, nach der aus einer Zelle gemäß einem spezifischen ›Bauplan‹ ein hochdifferenzierter Organismus wird, auch im psychologischen Sinne etwas wie eine ›Selbstverwirklichungstendenz‹ im gesamten persönlichen Entwicklungsprozeß wirksam ist.
Mit dieser Gerichtetheit als einer »Grundqualität lebendigen Daseinsvollzugs« (Thomae, 1954, S. 16) ist aber ausschließlich ein Phänomen gemeint, das sich empirisch als Verhaltensdeterminante aufweisen läßt. Auf keinen Fall kann damit eine metaphysische Teleologie oder eine Sinndeutung des Lebens in unsere Überlegungen eingeführt werden.

IV. Konstanz und Wandel einzelner Verhaltensweisen

Als mit den Anfängen der modernen Psychologie neben den allgemeinen Gesetzlichkeiten (des Bewußtseins) auch individuelle Differenzen in den Blickpunkt der Forschung rückten, oder – wie es ironisch ausgedrückt wird – nachdem die Psychologie herausgefunden hatte, daß Menschen verschieden sind, wurde auch folgendes Phänomen als selbstverständlich angenommen: Verschiedene Menschen zeigen hinsichtlich definierter Merkmale feststellbare Unterschiede (›interindividuelle Differenzen‹); die Ausprägung der Merkmale ist aber für die einzelnen Individuen konstant. Am eindrucksvollsten zeigte sich dies an der von dem Astronomen F. W. Bessel (1876) so benannten ›persönlichen Gleichung‹: Verschiedene Beobachter registrieren für den Durchgang eines Sternes durch ein Fadenkreuz verschiedene, diesel-

ben Beobachter aber immer die gleichen Abweichungen von der objektiv feststellbaren Zeit.
Diese spezielle Art einer persönlichen Konstante wurde verallgemeinert: Individuen sind als Einzelwesen von anderen der gleichen Art unterscheidbar durch eine unbestimmte Anzahl von konstanten Merkmalen, die, für alle Individuen vergleichbar, jedem einzelnen in verschiedenem Ausmaß zukommen. Insofern diese Merkmale als Verhaltensbedingungen angenommen worden sind, wurde von einem allgemeinpsychologischen Standpunkt aus Persönlichkeitspsychologie betrieben (vgl. z. B. Guilford, 1964). Die Berechtigung dazu und die Eigenart der dabei verwendeten Merkmale wird noch zu untersuchen sein.
In letzter Konsequenz konnte die Konstanz gleich welcher Merkmale, nach denen Individuen unterscheidbar sind, niemals durchgehalten werden. Selbst scheinbar so sicher feststellbare Konstanten wie die Reaktionszeit lassen sich als Funktion einer Reihe anderer Merkmale darstellen, wie z. B. des Lebensalters. Auch diese Beobachtung wurde verallgemeinert: Die Merkmale, die ein Individuum kennzeichnen und die seinem Verhalten zugrunde liegen, wandeln sich (›intraindividuelle Differenzen‹). Die gleichen Menschen verhalten sich zu verschiedenen Zeiten und in unterschiedlichen Situationen verschieden. Da offenkundig dieser Verschiedenheit gesetzliche Zusammenhänge zugrunde liegen, wurde auch sie zum Ausgangspunkt persönlichkeitstheoretischer Erörterungen.
Damit steht als dritte Grundbestimmtheit fest, daß Verhalten von Individuen wohl immer irgendwelche konstanten Züge aufweist, daß es aber auch stets dem Wandel unterworfen ist. Die Frage nach Konstanz und Variabilität des Verhaltens wurde für die Persönlichkeitspsychologie sogar zu einem besonderen Problem, dem Thomae (1960) eine eigene Abhandlung gewidmet hat.
Diese Grundqualitäten des Verhaltens, Einheit des sich verhaltenden Individuums, Gerichtetheit sowie Konstanz und Wandel, mußten zunächst deskriptiv bestimmt werden, bevor in die Einzelerörterungen eingetreten werden kann, denn von ihnen müssen die Überlegungen ausgehen. Ihnen müssen aber auch die einzuführenden Konzepte gerecht werden.

C. Analytische Einheiten im Bedingungssatz individuellen Verhaltens

I. Eigenschaften

1. Vorbemerkungen

Beobachtbar ist allein konkretes Verhalten. Für die Beschreibung dieses Verhaltens genügen Begriffe, die durch Zuordnungsregeln festgelegt werden können. Die dem Verhalten zugrunde liegenden Bedingungen sind direkter Beobachtung nicht mehr zugänglich, sondern müssen aus dem konkreten Verhalten erschlossen werden. Die zu ihrer Fassung erforderlichen Begriffe werden, einem Vorschlag von Mac Corquodale & Meehl (1948) folgend, ›hypothetische Konstrukte‹ genannt, wenn sie sich auf erschlossene Entitäten beziehen und ›intervenierende Variable‹, wenn keine Annahmen über die reale Existenz der nicht beobachtbaren Größen eingeschlossen sind.

Alle im folgenden zu untersuchenden Konzepte, mit denen die analytischen Einheiten im Bedingungssatz individuellen Verhaltens gefaßt werden sollen, stehen nicht mehr für direkt beobachtbare Phänomene, sondern beziehen sich entweder auf deduktiv aus der vorausgesetzten Konstanz des Verhaltens abgeleiteten Annahmen oder auf die induktiv aus der Kovariabilität[23] einzelner Verhaltensweisen erschlossenen Gemeinsamkeiten. Wenn sie hier hypothetische Konstrukte genannt werden und damit dem herrschenden Sprachgebrauch zufolge eine reale Existenz impliziert wird, dann nur in dem Sinn, daß für alle Verhaltensbedingungen bzw. ihre Repräsentierung im handelnden Individuum eine physiologische Grundlage angenommen werden muß.

2. Die Definition von Eigenschaften

Dem naiven Denken ist selbstverständlich, daß ein Mensch erlebt, wie er erlebt, und daß er handelt, wie er handelt, aufgrund der Eigenschaften, die ihn kennzeichnen und die ihn zu dem machen, was er ›ist‹. Auch die Persönlichkeitsforschung hat sich weithin dieses Konzeptes bedient; so sind z. B. alle im deutsch-

sprachigen Raum entwickelten charakterologischen Systeme eigenschaftszentriert.
So groß die Zahl der Eigenschaftswörter zur Charakterisierung von Personen ist, so vieldeutig ist auch der Eigenschaftsbegriff. Seine Einführung in die Wissenschaft hat bislang noch zu keiner Vereindeutigung geführt, eher zum Gegenteil. Graumann, der eine Darstellung des Problemstandes gegeben hat (1960), kommt zu dem Schluß, daß »beim gegenwärtigen Stand der Persönlichkeitsforschung eine Einigung über einen verbindlichen Eigenschaftsbegriff nicht gut möglich ist« (1960, S. 146). Wir müssen deshalb auf einige Unterscheidungsmerkmale eingehen.
Graumann selbst unterscheidet im Anschluß an Carr & Kingsbury (1938) für die wissenschaftliche Bestimmung von Eigenschaften zum Zwecke der Persönlichkeitscharakterisierung vier Modi:

a) Verbaler Modus: Auf dieser ersten Stufe der Charakterisierung werden Verhaltensprotokolle erstellt, die sich auf eine Beschreibung dessen, was tatsächlich geschieht, beschränken. Kennzeichnend ist die ausschließliche Verwendung von Verben, die im Deutschen ja auch ›Tätigkeitswörter‹ heißen. Zusätzlich wird höchstens die Situation angegeben, in der das beobachtbare Verhalten abläuft. Beispiel: »Die Person P erscheint im Untersuchungsraum, löst die ihr vorgelegten Fragen und beantwortet die ihr gestellten Aufgaben.« Erforderlich für solche Protokolle ist neben exakter Beobachtung allein die richtige Verwendung deskriptiver Begriffe.

b) Adverbialer Modus: Zu der reinen Beschreibung des Verhaltens kommt auf dieser Stufe die adverbiale Kennzeichnung. Es wird nicht nur protokolliert, was geschieht, sondern auch, wie es geschieht: »P erscheint pünktlich zur Untersuchung, löst die vorgelegten Aufgaben rasch und richtig und beantwortet die gestellten Fragen intelligent.« Dazu müssen neben der genauen Beobachtung und der richtigen Begriffsverwendung die Möglichkeit des inter- und intraindividuellen Vergleichs sowie der Bezug auf ein Normensystem vorausgesetzt werden.

c) Adjektivischer Modus: An die Stelle der adverbialen Kennzeichnung des Verhaltens einer Person tritt nun die adjektivische Bestimmung der Person selbst. Zwar scheint es kaum einen Unterschied auszumachen, ob die Aussage lautet, »P verhält sich intelligent«, oder wie es auf dieser Stufe lauten muß, »P ist intelligent«; dennoch hat dies erhebliche Konsequenzen. Voraussetzung nämlich ist hierzu neben den schon genannten noch ein Abstraktionsschritt, in welchem von einer oder mehreren einzelnen Verhaltensweisen auf das Sosein der Person geschlossen wird.

d) Substantivischer Modus: Im letzten Schritt wird nicht mehr die Person mit Eigenschaften bestimmt, wobei Bestimmung ja nichts anderes heißt, als sie unterscheidbar zu machen von anderen, sondern die Eigenschaft selbst wird substantiviert und kann ihrerseits näher gekennzeichnet werden: »Die Intelligenz von P ist hoch.« Es ist klar, daß hiermit ein zweiter Abstraktionsschritt getan wurde, in welchem vom Sosein eines oder mehrerer Individuen auf die Substantialität eines Merkmals, das allen Individuen zukommt, geschlossen wird.

Von der Beobachtung konkreten Verhaltens bis zur Kennzeichnung einzelner Individuen anhand durchgängiger Merkmale ist also ein weiter Weg mit vielen problematischen Schritten. Dieses Weges und seiner Problematik sind wir uns zumeist nicht bewußt, wenn wir einem Menschen eine Eigenschaft zu- oder auch absprechen.

3. Die eigenschaftszentrierte Persönlichkeitsauffassung

Mit obigen Schritten scheint das Ziel der Persönlichkeitsforschung schon nahe: Man hat die Merkmale, mit denen man Individuen nicht nur beschreiben kann, sondern auf denen auch ihr Erleben und Verhalten beruht, gefunden. Es sind Eigenschaften oder – wie sie auch genannt wurden – ›Dispositionen‹, also Bereitschaften zu spezifischen Erlebnissen oder Verhaltensweisen. Die Bildung der Begriffe dafür ist einfach; man entnimmt sie einfach der Umgangssprache. Lersch, ein typischer Vertreter dieser Auffassung, drückt das z.B. so aus (1962, S.60):

»Die Dispositionen werden gedacht als habituelle Eigenschaften der Erlebnisweise, die im Wandel des Geschehens wiederkehren und das seelische Leben im Hier und Jetzt bestimmen. Unter Dispositionen im charakterologischen Sinne ist also zu verstehen die Bereitschaft und Neigung zum Vollzug bestimmter seelischer Erlebnisse (Formen des Fühlens, des Handelns usw.), sofern die Bereitschaft nicht von Augenblick zu Augenblick wechselt, sondern eine jedenfalls relative Dauer hat ...

Die Bestimmung solcher Dispositionen geschieht durch Eigenschaftsbegriffe, die die Seelenkunde teils neu prägen muß, zum größeren Teil aber schon in dem in jahrhundertelanger Entwicklung aufgestauten Wortschatz der Sprache als fertiges Gebrauchsgut vorfindet.

Die Charakterkunde wird um so mehr ihre Möglichkeiten und Aufgaben erfüllen, je mehr sie in ihre Systematik diejenigen Begriffe aufnimmt, die sie im vorwissenschaftlichen Sprachgut vorgeformt findet.«

Persönlichkeit wird somit greifbar als die Summe, das Integral oder auch die übersummative Struktur der sie konstituierenden Eigenschaften. Verhalten kann dargestellt werden als die Funktion bestimmter Eigenschaften. Nach Kenntnis aller Eigenschaften sowie der Regeln, nach denen Verhalten aus ihnen hervorgeht, wäre Verhalten erklärt. Man braucht die Eigenschaften dann nur noch meßbar zu machen, um Verhalten auch im individuellen Fall voraussagen zu können. Dieser Versuch wird tatsächlich häufig in der psychologischen Diagnostik gemacht. Und doch zeigt die Reflexion gerade auf diesen Sachverhalt die ganze Problematik des Eigenschaftsbegriffs als analytische Einheit im Bedingungssatz des Verhaltens.

Bevor wir aber zu einer Kritik dieser Konzeption übergehen, soll als Beispiel eines in Eigenschaftsbegriffen formulierten Persönlichkeitsmodells die Auffassung Guilfords (1964) in Umrissen dargestellt werden. Guilford definiert: »Die Persönlichkeit eines Individuums ist seine einzigartige Struktur von Wesenszügen.« Wesenszug steht in der deutschen Übersetzung für ›traits‹, das auch als ›Persönlichkeitszug‹ oder ›Eigenschaft‹ übersetzt werden kann. Unter ›trait‹ wird verstanden »jeder abstrahierbare und relativ konstante Wesenszug, hinsichtlich dessen eine Person von andern unterscheidbar ist«. Die Einzigartigkeit des Individuums liegt in der Struktur, und das heißt bei Guilford nichts als die Gesamtheit der Eigenschaften in ihrer unterschiedlichen Ausprägung.

Eigenschaften werden aus dem beobachtbaren Verhalten erschlossen; sie sind Merkmale von Personen, nicht von Verhaltensweisen. Eigenschaftsbegriffe sollten folgenden Forderungen genügen: Jeder einzelne muß eine aufweisbare Einheit der Persönlichkeit bezeichnen, so exakt wie möglich definiert und in eine allgemeine Persönlichkeitstheorie einordenbar sein. Die Liste aller Eigenschaftsbegriffe soll ökonomisch sein, also keine Überschneidungen beinhalten; sie soll dennoch so umfassend sein, daß alle beobachtbaren Phänomene unter sie einordenbar sind, und ihrer Gesamtheit sollte möglichst allgemein zugestimmt werden können.

Die Gesamtheit der Eigenschaften wird von Guilford in Klassen unterteilt, die er verschiedenen Persönlichkeitsbereichen zuordnet. Die Bereiche entsprechen ihrerseits wiederum nur den verschiedenen Blickwinkeln, unter denen man Persönlichkeit betrachten kann, wie mit folgendem Modell verdeutlicht werden soll:

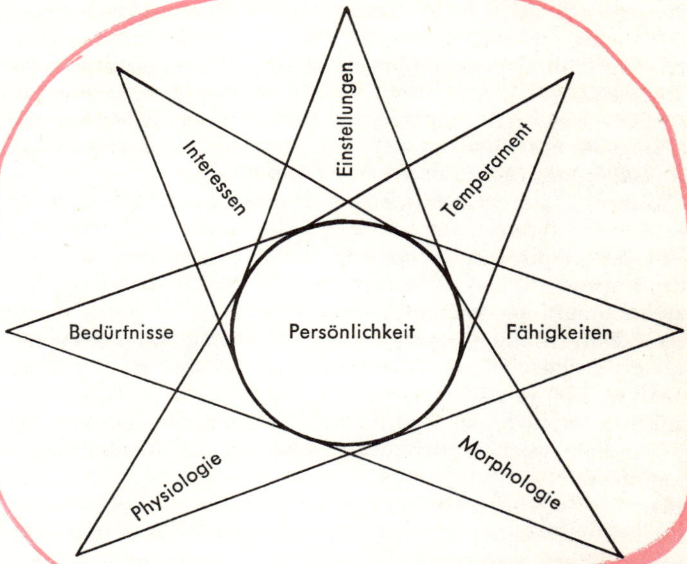

Abb. 3: Arten von Wesenszügen, die verschiedenen Persönlichkeitsbereichen zugehören (nach Guilford, 1964, S. 9)

Unter ›morphologischen Eigenschaften‹ werden z. B. verstanden: Größe, Hautfarbe und Gewicht einer Person; unter physiologischen Pulsschlag, Stoffwechsel oder Körpertemperatur. Die folgenden drei sind zusammengefaßt als ›motivspendende Wesenszüge‹: Bedürfnisse als »konstante Wünsche nach bestimmten Zuständen« (z. B. Behagen), Interessen als »konstante Wünsche nach bestimmten Tätigkeiten« (z. B. Handarbeit) und Einstellungen als »konstante Haltungen und Meinungen, die mit sozialen Sachverhalten (Einkommensteuer, Geburtenkontrolle, Judenfrage) zu tun haben«. Der Bereich der Eignungen bezieht sich auf die Fähigkeiten zu bestimmten Tätigkeiten, und Temperament schließlich beinhaltet alle Eigenschaften, die den Handlungsstil bezeichnen (wie z. B. Zuversichtlichkeit, Fröhlichkeit oder Impulsivität).

Das Verhalten wird als abhängig betrachtet außer von den Eigenschaften als den konstanten Bedingungen von äußeren Reizeinwirkungen aus der Umwelt, von den auslösenden Kräften (Triebe, Motive) und von zeitweiligen organischen Bedingungen (z. B. gesund – krank, hungrig – satt, ausgeruht – müde, erfolgreich – frustriert).
Die Persönlichkeitspsychologie hat zu untersuchen, was ein Mensch tut (die Frage nach den Motivationseigenschaften), wie gut er es tut im Vergleich mit den Normen seiner Gruppe (Fähigkeitseigenschaften) und wie, hinsichtlich des Handlungsstils, er es tut (Temperamentseigenschaften).
Guilfords Hauptverdienst ist die methodische Schärfe, mit der er einzelne Eigenschaften meßbar macht, sowie die Unablässigkeit der empirischen Bemühungen, Zusammenhänge zwischen den Eigenschaften selbst und zwischen ihnen und dem Verhalten zu bestimmen und zu analysieren. Der größte Teil seines Buches ist der Darstellung solcher Einzeluntersuchungen gewidmet. Häufig bedient er sich dabei auch der Technik der Faktorenanalyse, die im nächsten Abschnitt besprochen wird. Hervorzuheben ist auch die begriffliche Präzision, die ihn von den Eigenschaftssystemen der deutschsprachigen Charakterologien unterscheidet.
Eigenschaftstheorien haben lange Zeit das gesamte Feld der Persönlichkeitspsychologie beherrscht und beherrschen es in wesentlichen Teilen heute noch. Nachdem die Abstraktion von einzelnen Verhaltensweisen auf konsistente, generelle und universelle Eigenschaften erst einmal vollzogen war, wurden sie als solche kaum mehr in Frage gestellt. Daß es sie ›gibt‹, war selbstverständlich geworden. Die Auseinandersetzungen gingen fast nur noch darum, wie sie methodisch zu erfassen, zu klassifizieren und systematisieren sind, oder um Fragen ihrer Entstehung. Im folgenden wird kritisch zu prüfen sein, ob diese Annahmen wirklich so selbstverständlich sind, wie sie auf den ersten Blick erscheinen.

4. Kritik des Eigenschaftskonzepts

Wenn mit der Unterscheidung obiger Modi mehr gemeint sein soll als sprachlich-stilistische Eigentümlichkeiten (und daß dies der Fall ist, läßt sich aus der Literatur zeigen), dann ergeben sich folgende Konsequenzen, deren man sich immer dann bewußt sein muß, wenn man sich solcher Eigenschaftsbegriffe zur Beschreibung und Beurteilung von Menschen bedient.

An Bestimmungsmodi waren unterschieden worden:

a) verbal	b) adverbial	c) adjektivisch	d) substantivisch

Ihnen entsprechen Aussagen wie:

P löst Aufgaben und beantwortet Fragen	P löst Aufgaben richtig und beantwortet Fragen intelligent	P ist intelligent	Die Intelligenz von P ist hoch

Diese Aussagen entstammen folgendem wissenschaftlichen Vorgehen:

Beschreibung:	Bewertung:	1. Abstraktion:	2. Abstraktion:
Konkret ablaufendes Verhalten wird in Symbolen repräsentiert	Individuelles Verhalten wird bezogen auf Maßstäbe und Normen. Einmaliges Verhalten wird verallgemeinert	Vom beobachtbaren Verhalten wird geschlossen auf das Sosein der Person	Vom individuellen Sosein wird geschlossen auf das Sosein aller; eventuell auf überindividuelle Wesenheiten oder Kategorien

Dabei entstehen folgende Probleme:

Zuordnung von Symbolen (allgemein) zu Ereignissen (konkret, einzeln).	Konsistenz einheitlicher Verhaltensbedingungen oder Situationsbezüge?	Generalität oder Spezifität der Eigenschaften?	Universalität oder Singularität der Eigenschaften?

Auf diese Probleme muß die Kritik eingehen.

Zu a) Begriffsbildung und -verwendung ist allgemein ein wissenschaftstheoretisches und semasiologisches Problem, in vorliegendem Zusammenhang kann darauf nicht eingegangen werden (vgl. Carnap, 1948, Leinfellner, 1965). Keinesfalls ist aber die Beziehung zwischen Bezeichnung und Bezeichnetem so selbstverständlich, wie das im Alltagsdenken und darauf basierender Theorienbildung angenommen wird. In der Psychologie stellt sich dieses Problem aber noch in einer ganz besonderen Weise. Insofern Wörter der Umgangssprache verwendet werden, ist deren Bedeutungsgehalt durch den allgemeinen Gebrauch festgelegt, der sich historisch entwickelt hat, alle impliziten Annahmen und Vorurteile über Verhaltensbedingungen enthält und in ständigem Wandel begriffen ist. Noch schwerwiegender ist folgendes: Das, was wir als Subjekte des Verhaltens sind, sind wir auch aufgrund unserer Sprachlichkeit im allgemeinen und aufgrund der natürlichen Sprache, in der wir denken und erleben im besonderen. Der Sozialisationsprozeß, in welchem ein

Mensch an die Erfordernisse des Lebens unter den je gegebenen Bedingungen angepaßt wird, erfolgt zu einem nicht geringen Teil über das Medium Sprache. Sprache geht somit selbst in das Erleben und Handeln ein und ist aus diesem Grund ihrerseits Gegenstand psychologischer Forschung. Schon deswegen sind Eigenschaftsbegriffe, vor allem wenn sie der Umgangssprache entnommen sind, nur ein bedingt geeignetes Mittel zur Repräsentation von Verhaltensbedingungen. Die Schwierigkeiten, die sich aus dieser Sicht für die Begriffsbildung in der Persönlichkeitspsychologie ergeben, sind an anderer Stelle ausführlich dargestellt (Roth, 1963).

Zu b) Ob gleiche Tätigkeiten unter vergleichbaren Umständen immer oder auch mehrmals in gleicher Weise ausgeführt werden, ob also von der beobachteten Verhaltenseigenart darauf geschlossen werden kann, daß dieses spezifische Verhalten immer so abläuft, ist die Frage nach der ›Konsistenz‹. Auch wenn ein bestimmtes Verhalten immer die gleichen Merkmale aufweist, ist damit noch nicht gesichert, ob auch die Bedingungen, die ihm zugrunde liegen, hier also Eigenschaften oder Dispositionen, die gleichen sind (vgl. Allport, 1963, S. 362 f.).
Beobachtungen, die auch im Alltag möglich sind, vor allem aber zahlreiche experimentelle Ergebnisse, sprechen gegen eine durchgängige Konsistenz der Eigenschaften. Ein Beispiel mag das belegen: Merz (1958) führte Versuche durch, in welchen seine Versuchspersonen, die alle gut miteinander bekannt waren, sich wechselseitig nach den Eigenschaften rechthaberisch, ehrgeizig, beherrscht, fleißig, verläßlich und hilfsbereit beurteilen mußten. Wäre nun ein bestimmtes Ausmaß an Hilfsbereitschaft eine konsistente Verhaltensbedingung einer gegebenen Person, müßte sie sich in immer gleicher Weise äußern. Das ist, wie man leicht erwarten kann, aber nicht der Fall. Merz faßt seine Ergebnisse selbst wie folgt zusammen: »Der Einzelmensch ›ist‹ hilfsbereit zu bestimmten Menschen und gleichzeitig ›nicht‹ hilfsbereit zu bestimmten anderen Menschen.« (S. 309) Die beobachteten Unterschiede fallen zusammen mit der zwischen zwei Menschen bestehenden sozialen Beziehung. Damit ist nicht nur der Nachweis erbracht, daß von einer Einzelverhaltensweise nicht auf gleiches Verhalten in vergleichbaren Situationen geschlossen werden darf, sondern daß auch andere als dem Individuum allein zukommende Merkmale wie Eigenschaften zur Eigenart des erscheinenden Verhaltens beitragen. Darauf kommen wir noch zurück.

Daß eine durchgängige Konsistenz nicht angenommen werden kann, war natürlich auch den Eigenschaftstheoretikern selbst klar. Sie versuchten das Problem dadurch zu lösen, daß sie verschiedene Klassen von Eigenschaften annahmen, denen ein verschiedener Grad an Konsistenz zukam. Lersch z. B. unterschied Verhaltens-, Leistungs- und Wesenseigenschaften, oder Allport im Anschluß an Lewin pseudophänotypische und genotypische Dispositionen. Das wäre eine mögliche Lösung, sie bleibt aber aus vielen Gründen, die nicht ausgeführt werden können, unbefriedigend. Thomae (1960) schlägt deshalb vor, als ›Eigenschaft‹ nur solche Merkmale zu berücksichtigen, die sich als längs- und querschnittlich konsistent erweisen. Diese Lösung erscheint schon einleuchtender, doch entfällt damit die Möglichkeit, Verhalten zureichend als Funktion von Eigenschaften darzustellen. Thomae führt zusätzlich situative Bezüge ein.
Die an Eigenschaften als notwendige und zureichende Verhaltensbedingungen zu stellende Forderung der Konsistenz können sie also bestenfalls nur in stark eingeschränktem Maße erfüllen.

Zu c) Bezog sich das Problem der Konsistenz von Eigenschaften auf die Eigenart gleichen Verhaltens in vergleichbaren Situationen und die Bedingungen dafür, ist die Frage nach ihrer Generalität oder Spezifität darauf gerichtet, ob eine Eigenschaft auch in verschiedenen Situationen ein entsprechendes Verhalten bewirkt oder ob das Verhalten je nach Situation verschieden ist. Im Alltagsdenken wird die Generalität von Eigenschaften ganz selbstverständlich angenommen: Wer lügt, der stiehlt, heißt es da zum Beispiel. Zugrunde liegt die Annahme, daß sich eine einheitliche Eigenschaft – im Beispiel ›Ehrlichkeit‹ – auch in verschiedenen Handlungssituationen auswirkt. Diese Annahme wurde auch in die Wissenschaft von der Persönlichkeit aufgenommen. So lautet die Eigenschaftsdefinition von Allport:

»Eigenschaft ist ein verallgemeinertes und fokalisiertes neuropsychisches System (das dem Individuum eigentümlich ist) mit der Fähigkeit, viele Reize funktionell äquivalent zu machen und konsistente äquivalente Formen von Handlung und Ausdruck einzuleiten und ihren Verlauf zu lenken.« (1949, S. 126)

Allport setzt sich damit von der Spezifitätsannahme ab, die dem im nächsten Abschnitt zu besprechenden Habit-Konzept zugrunde liegt. Nach ihm wird das von einem Individuum gezeigte Verhalten als abhängig gesehen von der jeweils spezifischen Reizkonstellation (vgl. S. 48 f.).
Hier kann nicht auf die Diskussion zwischen den Anhängern

der Generalität und jenen der Spezifität eingegangen werden. Sie wurde zuletzt dargestellt von Graumann (1960). Da schon gezeigt wurde, daß konsequente Eigenschaftstheoretiker notwendigerweise Generalität annehmen müssen, genügt der Hinweis auf die Experimente von Hartshorne & May (vgl. S. 137) um die Problematik des Eigenschaftsbegriffs auch unter diesem Aspekt aufzuzeigen.

Die Kritik schließt nicht aus, daß Merkmale aufweisbar werden, die Individuen im generellen Sinne kennzeichnen. Merkmale, die dann auch als Eigenschaften bezeichnet werden können. Das sind aber sicher nicht die Eigenschaften, von denen bisher die Rede war. Insonderheit nicht solche, die wie ›Ehrlichkeit‹ aus den Hartshorne- und May-Untersuchungen als ›moralische Eigenschaften‹ bezeichnet werden können. Denn sie stellen insofern noch ein besonderes Problem dar, als sie die Anerkennung eines ganz bestimmten der Wertsysteme voraussetzen, die in historischen Prozessen entstanden, von Gesellschaft zu Gesellschaft verschieden und nicht selten in sich in nicht geringem Maße inkonsisten sind[24].

Zu d) Die eben besprochene Generalität von Eigenschaften ist auch so zu verstehen, daß sie sich auf die intraindividuelle Gleichheit der Verhaltensbedingungen in verschiedenen Situationen bezieht. Die Frage nach der Universalität ist darauf gerichtet, ob die Eigenschaften als Qualitäten (nicht in ihrer Ausprägung) für alle Individuen als gleich angenommen werden können, ob sie also interindividuell vergleichbar sind. Davon hängt u. a. ab, ob es möglich ist, Persönlichkeit zu denken als irgendeine Art Zusammensetzung von einer gegebenen Anzahl für alle Individuen vergleichbarer Eigenschaften.

In den deutschsprachigen charakterologischen Systemen wird die Universalität von Eigenschaften genauso selbstverständlich vorausgesetzt wie im naiven Denken. Sie verstehen sich durchweg als einheitliche begriffliche Schemata, nach denen jedes mögliche Individuum charakterisiert werden kann. Auch die Faktorentheoretiker der Persönlichkeit (vgl. S. 54 ff.) müssen diese Universalitätsannahme voraussetzen, wenn ihr methodisches Vorgehen sinnvoll bleiben soll. Im Persönlichkeitsmodell von Guilford (vgl. S. 41 f.), der Persönlichkeit definiert als das »einzigartige Muster von Eigenschaften«, ist uns dieser Standpunkt schon einmal begegnet.

Von den großen Persönlichkeitstheoretikern ist es vor allem Allport, der mit guten Gründen die Auffassung vertritt, daß

Eigenschaften als Verhaltensbedingungen jeweils individuelle Größen sind, die sich aus dem persönlichen Lebenslauf bilden. Bei ihm ist die Individualität erlebender und handelnder Menschen auch für die analytischen Einheiten im Bedingungssatz des Verhaltens konsequent durchgehalten. Aber auch gegen ihn lassen sich kräftige Argumente ins Feld führen, so vor allem die Frage nach Möglichkeiten der methodischen und begrifflichen Erfassung von Eigenschaften, die im strengen Sinn individuelle Größen sind.
Es gibt keine zureichenden Forschungsergebnisse, die eine eindeutige Entscheidung für Universalität oder Singularität gestatten würden. Sicher ist, daß im extremen Sinne beide als einander ausschließende Möglichkeiten in einer Persönlichkeitstheorie nicht denkbar sind. Jedoch können für begrifflich anders gefaßte Bedingungseinheiten Universalität und Singularität als Pole einer Dimension aufgefaßt werden, auf der alle notwendigen Unterscheidungen möglich sind (vgl. S. 111 f.). Darauf braucht hier aber nicht eingegangen zu werden, gilt es doch nur zu zeigen, daß auch die weithin übliche Annahme der Universalität von Eigenschaften zumindest nicht unproblematisch ist.

Zusammengenommen beweist die Kritik, daß Eigenschaft kein so gutes Konzept für die Fassung der Bedingungen individuellen Verhaltens ist, wie es auf den ersten Blick scheinen mag. Die Reflexion darf sich nicht auf theoretische Konsequenzen beschränken, sondern auch jeder verantwortungsbewußte Praktiker sollte sich bewußt sein, daß eine Aussage wie »diese Person ist ehrlich« oder »jenem Kind fehlt die Gemütsansprechbarkeit«, höchst problematisch ist.

5. Zusammenfassung

a) Eigenschaft als vielverwendetes Konzept zur Fassung der analytischen Einheiten im Bedingungssatz des Verhaltens ist nicht eindeutig definierbar. Der Begriff bezieht sich als hypothetisches Konstrukt nicht mehr auf direkt beobachtbare Phänomene, sondern auf die aus der Kovariabilität einzelner Verhaltensweisen von Individuen gefolgerten einheitlichen Bedingungen. In der herkömmlichen Fassung sind darin impliziert Konsistenz, Generalität und Universalität (Allport: Singularität). Konsistenz beinhaltet die gleichbleibende verhaltensdeterminierende Wirkung einer gegebenen Eigenschaft eines Individuums in allen vergleichbaren Situationen. Generalität der Eigenschaft bedeutet ihre gleichsinnige Verhaltensdeterminierung für ein Individuum in verschiedenen Erlebens- und Handlungsvollzügen. Universalität bezieht sich auf die Vergleichbarkeit der Eigenschaften aller Individuen.

b) Persönlichkeit wird diesem Konzept zufolge dargestellt als ein Zusammenhang (Muster, Struktur, System) von Eigenschaften. Ihre individuelle verschiedene Ausprägung erlaubt nicht nur, Einzelmenschen voneinander deskriptiv zu unterscheiden, sondern auch ihr Verhalten zu erklären. Definierte Eigenschaften erlauben die Klassifikation von Individuen.

c) Das Konzept hat jedoch auch eine Reihe von Schwächen: Wenn einzelne Eigenschaftbegriffe, wie es häufig geschieht, der Umgangssprache entnommen werden, geht die in jeder natürlichen Sprache enthaltene Weltanschauung in den Begriffsapparat mit ein. Von ihm wäre aber Objektivität zu fordern.
Das Verhalten von Individuen erweist sich in der experimentellen Überprüfung weder als so konsistent noch als so generell gleichsinnig, wie es in der Annahme allgemeiner Eigenschaften als Verhaltensdeterminanten vorausgesetzt wird. Die Universalität der bisher untersuchten Eigenschaften als Merkmale zur Kennzeichnung von Individuen ist zumindest zweifelhaft. Universelle Merkmale erscheinen möglich, jedoch auf einem anderen Abstraktionsniveau als dem der Eigenschaften.
Eigenschaften als ausschließlich dem Individuum zukommende Merkmale reichen nicht aus, Verhalten zureichend zu erklären. Andere Merkmale, wie z. B. situative Bezüge oder soziale Beziehungen, müssen hinzugenommen werden.
Mit diesen Schwächen hat aber das Eigenschaftskonzept trotz seiner Vorzüge für die Beschreibung und die Klassifikation von Individuen in der Persönlichkeitspsychologie nur einen zweifelhaften Wert.

Weiterführende Literatur:

Graumann (Hdb. d. Psychol. IV, 1960).

II. Habit

1. Vorbemerkungen

Der psychologische Begriff ›habit‹ wäre nur sehr unzureichend mit ›Gewohnheit‹ übersetzt, weswegen er auch in der deutschen Literatur meist im Original verwendet wird. Was er bedeutet, ergibt sich aus der späteren Definition.
Als sich die amerikanische Psychologie von der europäischen und da vorwiegend deutschen Tradition löste, tat sie es mit ausdrücklicher Stellungnahme gegen deren Gegenstand, das Bewußtsein, und gegen deren Methode, die Introspektion. Wissenschaftlich sollte nur sein, was objektiv und kontrollierbar zu

beobachten ist. Für die Psychologie waren das Reize, die auf einen Organismus wirken und die darauffolgenden Reaktionen, nicht aber die Vorgänge im Organismus selbst. Jedes Verhalten[25], das freilich in viel engerem als dem hier gebrauchten Sinn als neuer Gegenstand der Psychologie proklamiert wurde, sollte erklärt werden in Termini von Reizen (stimulus) und Reaktionen (response). Die damals grundgelegten Theorien wurden deshalb S–R-Theorien genannt. Im Schema waren die Verhaltenseinheiten eben die Habits.

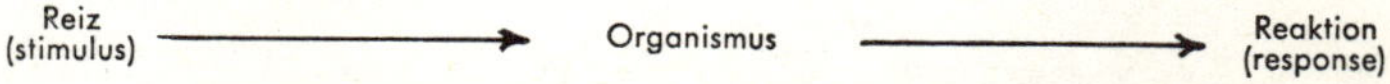

Abb. 4: Schema eines Habit als Reizreaktionszusammenhang

2. Die Definition von Habit

Im Gegensatz zu ›Eigenschaft‹ ist ›Habit‹ eindeutig definierbar als relativ feste Reiz-Reaktionsverbindung. Die einfachste Form einer solchen Verbindung ist der Reflex: auf einen definierten Reiz (z. B. Reizung der Nasenschleimhaut) folgt eine spezifische Reaktion (Niesen). Der russische Psychologe Pawlow machte die folgenschwere Entdeckung, daß die Reize in solchen einfachen oder ›unbedingten‹ Reflexen ersetzt werden können durch andere, die vorher in bezug auf diesen Reflex völlig neutral waren. Er zeigte dies im folgenden, heute schon als klassisch bezeichneten Hunde-Experiment: Der Anblick von Futter bewirkt ein Sekretieren der Mund- und Magenspeicheldrüsen. Durch Einführung von Kanülen machte Pawlow die abgesonderte Speichelmenge meßbar. Gleichzeitig mit bzw. kurz vor Verabreichung des Futters gab er jeweils ein Glockensignal. Nach einiger Zeit begann die Speichelsekretion bei den Hunden schon auf das Glockensignal hin und ohne Futtergabe. Diese neue Verbindung zwischen Glockenton und Speichelsekretion wird ›bedingter‹ oder ›konditionierter‹ Reflex genannt (vgl. Abb. 5).

Watson übertrug dieses Modell auf die Psychologie und baute es aus. Alles Verhalten, auch das komplexeste, soll verstehbar werden als Reaktion auf Reize bzw. Reizsituationen. Einheiten der Verbindungen zwischen ihnen stellen Habits dar. Ihre Entstehung ist Gegenstand der Lernpsychologie, auf die hier nicht eingegangen werden kann. Lernen hat dabei freilich nicht die enge Bedeutung des Sichaneignens von Wissen und Fertigkeiten, sondern wird verstanden als »Prozeß, durch welchen eine Tätigkeit aus einer Reaktion auf eine Situation entspringt oder durch sie geändert wird; vorausgesetzt die Änderung der Aktivität kann nicht erklärt werden als angeborene Reaktionstendenz, als ›Reifung‹ oder temporärer Zustand des Organismus, wie

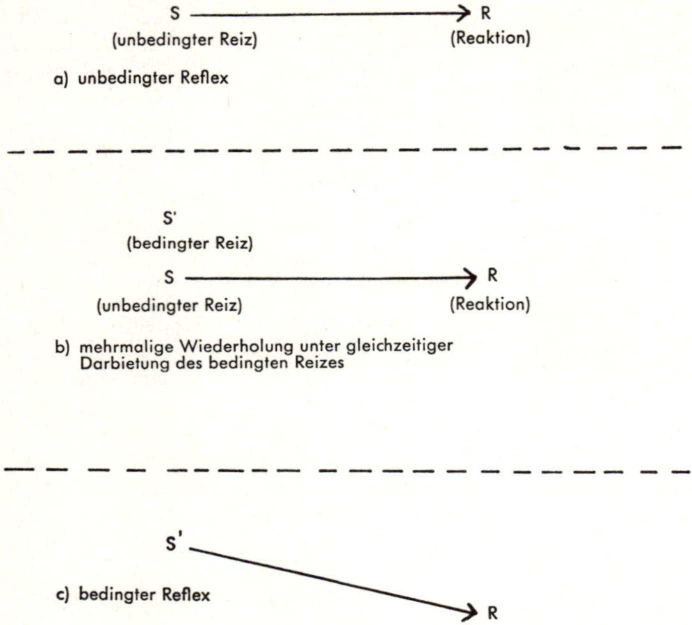

Abb. 5: Schematische Darstellung der Bildung eines bedingten Reflexes

Müdigkeit, Einfluß von Drogen usw.« (Hilgard, 1956, S. 3) Die letzte umfassende Darstellung der Methoden und Ergebnisse dieser Forschungsrichtung gibt Foppa (1967). Watson stellte es sich so vor:

»Der Grundgedanke in der Bildung all unserer Habits ist folgender: Irgendein äußerer oder innerer Reiz (man möge sich daran erinnern, daß auch die sog. ›Abwesenheit‹ eines Reizes ein vollständig zureichender Reiz ist;) setzt das Individuum in Bewegung. Es kann sich in vielerlei Weise bewegen, Hunderte von Dingen tun, bevor es den Reiz löscht oder außerhalb seiner Reichweite gerät. Wenn es – nachdem es wieder in die gleiche Situation kommt – das eine oder das andere der beiden Ergebnisse schneller oder mit weniger Bewegungen erreicht, dann sagen wir, es hat gelernt oder ein Habit gebildet.« (1930, S. 200)

Watsons Annahmen zufolge ist der neugeborene Organismus mit wenigen angeborenen und artspezifischen Reflexen ausgestattet, die das Überleben ermöglichen. Beim menschlichen Kind wären das Atemreflex, Saug- und Schluckreflex, Reflexe zur Entleerung der Blase und des Darmes und einige ähnliche, sowie als angeborene ›innere‹ Reaktionen auf entsprechende Reize: Wut, Furcht und Sexualität. Im Laufe der Entwicklung wird nun das gesamte Verhaltensinventar eines Individuums in der Form aufgebaut, daß die unbedingten Reize in diesen angeborenen Reflexen ersetzt werden durch bedingte Reize. Neue Reaktionsformen können sich aus der Kombination von alten bilden. So läuft der Prozeß und wird immer komplexer. Habits werden also (mechanisch) gelernt und liegen jedem individuellen Verhalten zugrunde. Folgerichtig definiert Watson Persönlichkeit als »Endpunkt des Habit-Systems«, wie folgendes Schema verdeutlicht:

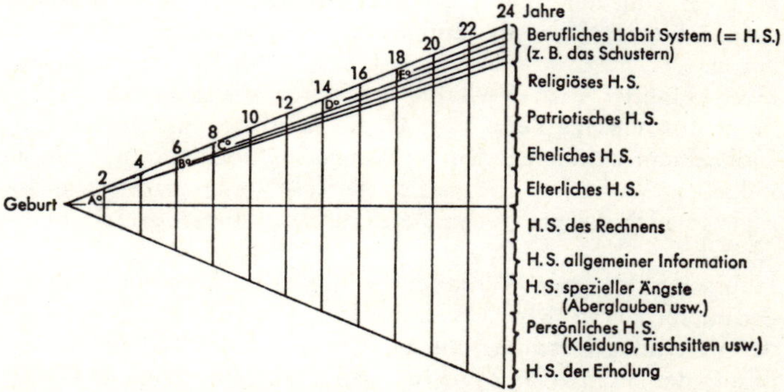

Abb. 6: Persönlichkeitsmodell nach Watson (1930, S. 275)

Die aus dem frühen Behaviorismus hervorgegangene und in zahlreiche Einzelrichtungen aufgesplitterte Lernpsychologie bildet keine expliziten Persönlichkeitsmodelle mehr. Die ihnen implizit zugrunde liegenden Persönlichkeitsauffassungen sind zwar viel differenzierter, bauen aber auf das gleiche Grundschema auf. Über sie informiert ausführlich und kritisch Bergius (1960). Erklärtes Ziel behavioristisch orientierter Forschung war, individuelles Verhalten über seine Erklärung durch Habits vorherzusagen. Die Gültigkeit der Annahmen vorausgesetzt, hätte man dazu nur noch die Gesetze zu suchen brauchen, nach denen Reiz-Reaktionsverbindungen zustande kamen. Denn da Verhalten als Funktion der Reizlage betrachtet wurde und man glaubte, die jeweils wirkenden Reize leicht definieren und methodisch fassen zu können, bedurfte es nur noch der Kenntnis der gebildeten Habits. Auch deren Kontrolle stellte sich Watson sehr einfach vor. Er war der Überzeugung, schon mit dem ihm zur Verfügung stehenden Wissen jedes beliebige Kind durch Entwicklung entsprechender Habit-Systeme z. B. zum Richter oder zum Verbrecher machen zu können.

4. Kritik der behavioristischen Persönlichkeitskonzeption

Der Hauptkritikpunkt dieser Konzeption liegt auf der Hand: Das damals so leidenschaftlich verkündete Programm hat insofern zu keinem Resultat geführt, als trotz ungeheuren Aufwandes und immer weitergetriebener Verfeinerung einzelner Lerntheorien die Voraussage komplexeren Verhaltens (auch im behavioristischen Sinne) heute praktisch nicht weniger unsicher ist als zu Beginn der Arbeit. Das hat Gründe, die an der Fassung des Habit-Begriffes als Einheit der Verhaltensdeterminanten liegen.

Über ›Habits‹ wird Verhalten praktisch ausschließlich als bedingt durch Reize betrachtet. Damit wird der Anteil der dem Individuum zukommenden Merkmale im Bedingungssatz individuellen Verhaltens vermutlich genauso unterschätzt, wie die Eigenschaftskonzeption der Persönlichkeit diesen Anteil überschätzt.

Habits als alleinige Verhaltensbedingungen sind mit wenigen Ausnahmen erworben. Unvereinbar damit sind die Ergebnisse der Vererbungsforschung, die nahelegen, daß ein Teil der Variabilität des Verhaltens durch die Annahme eines Erbganges erklärt werden kann.

Sind Habits einmal erworben, und werden sie nicht durch andere Erfahrungen gelöscht, bleiben sie über die Zeit invariant. Aus der Entwicklungspsychologie ist aber bekannt, daß das Verhalten sich nicht nur in der sog. Entwicklungszeit, sondern über das ganze Leben hinweg nach bestimmten Eigengesetzlichkeiten verändert. Wenn sich aber das erscheinende Verhalten ändert, müssen sich auch seine Bedingungen geändert haben.

Ihrer Definition zufolge sind Habits als Verhaltensdeterminanten ›spezifisch‹ im Gegensatz zu den ›generellen‹ Eigenschaften. Als solche stehen sie isoliert nebeneinander und wirken unabhängig voneinander. Eine Vielzahl von Forschungsergebnissen beweist aber, daß die Einheiten im Bedingungssatz des Verhaltens in Interrelation stehen, wie mit einer eigenen Untersuchung gezeigt werden kann (Roth, 1967 b): Die Häufigkeit des Kirchgangs gehört in der Watsonschen Terminologie zum ›religiösen Habitsystem‹, die Stellungnahme zu sexuellen Beziehungen zum ›ehelichen Habitsystem‹. Aus einer Befragung junger Arbeiter ergab sich für beide Variablen der aus Abb. 7 ersichtliche Zusammenhang[26]:

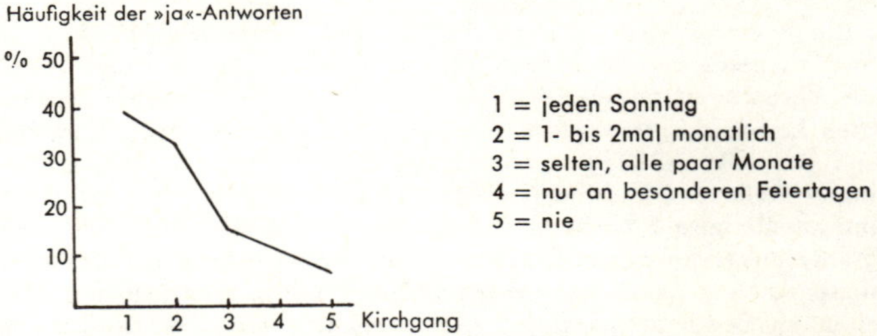

Abb. 7: Die Abhängigkeit der Bejahung des Satzes »Intime geschlechtliche Beziehungen gehören grundsätzlich nur in die Ehe« von der Häufigkeit des Kirchganges

Schließlich gilt es noch darauf hinzuweisen, daß in dieses Modell eine Reihe von Gegebenheiten, die für das Verhalten sehr wichtig sind, nicht oder nur unzureichend eingeordnet werden können, wie z. B. alle autochthonen Regulationsprozesse des Organismus, oder produktives Denken, oder das Phänomen Sprache und die Möglichkeit der Reflexion als Stellungnahme zu sich selbst sowie viele andere.

5. Zusammenfassung

a) Habits sind individuell in der Form bedingter Reflexe nach allgemeinen Lerngesetzen erworbene Reiz-Reaktions-Verbindungen. Bedingte Reflexe entstehen dadurch, daß anstelle der unbedingten Reize in angeborene Reflexe bedingte eingebaut werden. Neue Reaktionsweisen entstehen aus der Kombination alter. Sie werden mit den im individuellen ›Aktivitätsstrom‹ ständig zu verarbeitenden Reizlagen zu neuen Habits zusammengekoppelt, welche ihrerseits die Anpassung an die Umwelt zu gewährleisten haben.

b) Das entsprechende behavioristische Persönlichkeitsmodell besteht in der Annahme eines – nach den Worten Watsons – Systems, seinem Modell aber eher entsprechend: der Summe von Habits, auf welche jedes Verhalten bei gegebener Reizlage zurückgeführt werden soll. Aus der Kenntnis der individuellen Habits, die sich aus der persön-

lichen Lerngeschichte ergeben, bzw. ihrer Stärken, die meßbar sind, erhoffte man sich nicht nur, bei gegebener Reizlage jedes individuelle Verhalten voraussagen, sondern auch die Entwicklung jedes Individuums beliebig bestimmen zu können.
Die aus dem Behaviorismus hervorgegangenen lernpsychologischen Schulen bilden zumeist keine Persönlichkeitsmodelle mehr. Die ihnen implizit zugrunde liegenden Persönlichkeitsauffassungen beruhen zwar auf sehr viel differenzierteren Überlegungen, im Grunde aber auf den gleichen Annahmen.

c) Ein Konzept, das die Persönlichkeit als Summe von Habits faßt, kann als gescheitert betrachtet werden. Geblieben ist die Gewißheit, daß Verhaltensdeterminanten sich unter dem Einfluß einer persönlichen Lerngeschichte organisieren, sowie der experimentelle Nachweis einer Reihe von Bedingungen für die Entstehung und Wirkung bedingter Reflexe. Die Annahme von Habits in dem oben angeführten Sinn als alleinige Einheit im Bedingungssatz individuellen Verhaltens ist aber unvereinbar mit Ergebnissen der Erbforschung, der Entwicklungspsychologie, der nachweisbaren Interrelation zwischen den Einheiten im Bedingungssatz des Verhaltens und mit einer Reihe von offensichtlich für Verhalten relevanter Phänomene.

Mit Habits als alleinigen Determinanten kann individuelles Verhalten daher genausowenig zureichend erklärt werden wie mit Eigenschaften. Auch der Habit-Begriff ist damit als analytische Einheit der angestrebten Persönlichkeitstheorie nur bedingt brauchbar.

Weiterführende Literatur:

Bergius (Hdb. d. Psychol. IV, 1960); Foppa (1965).

III. Faktor

1. Vorbemerkungen

Die Schwächen des bisherigen Eigenschaftsbegriffes und das Ungenügen von ›Habit‹ als zentrale analytische Einheit im Bedingungssatz des Verhaltens führten zu ausgedehnten Bemühungen, ein präziseres Konzept zu bilden. Weniger an den besprochenen Punkten entzündete sich die Kritik, als an der Tatsache, daß man wohl etwas wie Eigenschaften zur Erklärung des Verhaltens benötige, die bisher verwendeten Begriffe aber und ihre Systematisierung aus der vorwissenschaftlichen Tradition übernommen oder phänomenologisch-deskriptiv gewonnen wurden und deshalb unbrauchbar geworden waren. Orientiert an den

Idealen der Objektivität, der Verwendung kontrollierbarer Methoden und der Bildung präziser Begriffe kam man immer mehr zur Überzeugung, daß wissenschaftliche Aussagen auch in der Persönlichkeitspsychologie auf Messungen beruhen und die gewonnenen Meßdaten dem subjektiven Dafürhalten des Einzelforschers durch mathematische Analyse entzogen werden müssen (vgl. Cattell, 1957, Einleitung). Den bedeutsamsten Ausdruck fanden in diesen Bemühungen die Einführung faktorenanalytischer Techniken in die Persönlichkeitsforschung. Diese Technik, die von dem amerikanischen Psychologen L. L. Thurstone für die Analyse der Intelligenz entwickelt wurde, muß wenigstens dem Prinzip nach erläutert werden, bevor verständlich gemacht werden kann, was Faktor als Bedingungseinheit des Verhaltens ist.

Daß und wie dem Prinzip nach in der Psychologie gemessen werden kann, ist im Methodenabschnitt ausgeführt worden. In der praktischen Forschungsarbeit geschieht das nicht nur mittels psychologischer Tests, sondern auch anhand von Daten aus dem individuellen Lebenslauf, über Informationen, die durch Fragebogen erhoben werden, durch vergleichende Einstufung einzelner Personen hinsichtlich eines Merkmals oder mit der Registrierung individueller Reaktionen auf einen Reiz, letzteres auch im physiologischen Sinne, wie z. B. die Veränderung des elektrischen Hautwiderstandes in Erregungszuständen, um nur einige Möglichkeiten zu nennen.

Verhalten oder eine Verhaltensstichprobe kann nun durch die messende Bestimmung einer Reihe variabler Merkmale beschrieben werden. Dabei werden Individuen je nach Ausprägung des Merkmals einer bestimmten Stelle auf einer Dimension zugeordnet. Wenn wir den individuellen Meßwert für ein Merkmal x nennen, können wir eine Meßreihe an n Individuen am besten charakterisieren durch ihren arithmetischen Mittelwert ($\overline{X}$), definiert als die Summe aller Meßwerte, dividiert durch ihre Anzahl (n) oder $\frac{\Sigma X}{n} = \overline{X}$ (gesprochen $\overline{X}$ quer), und durch die Streuung (s), definiert als die mittlere quadratische Abweichung der einzelnen Meßwerte von ihrem Mittelwert oder $\sqrt{\frac{\Sigma (X - \overline{X})^2}{n}}$ = s. Jedes der Merkmale kann somit als Dimension beschrieben werden, auf der die beobachteten Individuen variieren. Diese Dimension kann auch zeichnerisch dargestellt werden, wobei die Richtung freilich zunächst beliebig ist. Wäre z. B. die Körpergröße das untersuchte Merkmal, wäre es gleichgültig, ob sie waagerecht

oder senkrecht oder wie immer auf ein Blatt Papier angetragen würde, wenn die Richtung nur für alle Fälle gleich bleibt.
Mehrere Merkmale, die zur Beschreibung eines Verhaltens herangezogen werden, können nun für die einzelnen Beobachtungsfälle mehr oder minder ähnlich ausgeprägt sein. Das heißt, daß trotz voneinander unabhängiger Meßergebnisse geringe Ausprägungsgrade des einen Merkmals bevorzugt zusammen auftreten mit geringen Ausprägungsgraden des anderen und daß auch hohe Werte des einen eher mit hohen Werten des anderen Merkmals gekoppelt sind. Nähme man z. B. zu dem Merkmal ›Körpergröße‹ als zweites ›Körpergewicht‹ hinzu, dann wäre trotz verschiedener Meßmethoden, nämlich Meterstab und Dezimalwaage, für eine repräsentative Stichprobe von Individuen festzustellen, daß kleine Leute eher auch leicht, große dagegen eher auch schwer sind. Diese Ähnlichkeit oder der Zusammenhang beider Merkmale läßt sich auch so ausdrücken, daß die Abweichung eines Falles vom Durchschnitt des Merkmals $(X-\overline{X})$ mit einer gleichsinnigen Abweichung des anderen Merkmals $(Y-\overline{Y})$ bevorzugt zusammen auftritt. Der Zusammenhang ist um so enger, je einheitlicher die Abweichungen von den jeweiligen Durchschnitten sind, und um so loser, je unsystematischer oder ›zufälliger‹ die Wertpaare miteinander kombiniert sind.
Mathematisch läßt sich die Enge des Zusammenhanges ausdrükken durch eine Standardgröße, die ›Korrelationskoeffizient‹ genannt wird und definiert ist durch die einfache Beziehung:

$$r_{xy} = \frac{\Sigma\,(X-\overline{X})\,(Y-\overline{Y})}{n \cdot s_x \cdot s_y} \qquad (1)$$

oder verbal: Der Korrelationskoeffizient r zwischen den variablen Merkmalen (oder kurz ›Variablen‹) X und Y ist gleich der Summe aller Produkte der Abweichungen zweier Meßwerte von ihren Durchschnitten, standardisiert durch die Division durch Anzahl der Wertepaare und die Streuungen beider Meßreihen. Dieser Koeffizient kann Werte zwischen plus und minus eins annehmen. Dabei bedeuten:

+ 1: maximale Höhe der Produktsummen, völlig gleichartige Abweichung der Werte eines Paares von ihren Durchschnitten, größtmöglicher Zusammenhang zweier Merkmale in der Form, daß mit der Bestimmung des einen Merkmals die Ausprägung des anderen eindeutig festgelegt ist.

0: Produktsummen werden dadurch minimal, daß bei der Aufsummierung negative Produkte (Minusabweichung des einen, Plusabweichung des anderen Meßwertes) sich mit positiven Produkten (gleichsinnige Abweichung beider Meßwerte von ihren Durchschnitten) ausgleichen. Dies tritt dann auf, wenn die Abweichungen rein zufällig miteinander kombiniert sind, d. h. wenn kein systematischer Zusammenhang zwischen den Merkmalen besteht.

– 1: wiederum ist die Produktsumme maximal, aber mit negativen Vorzeichen. Die Abweichungen der Meßwerte sind wohl gleich groß, gehen aber in entgegengesetzte Richtung: hohe Ausprägung des einen Merkmals geht einher mit entsprechend geringerer des anderen. Beide Merkmale schließen einander aus.

Auch dieser Gedanke des Zusammenhanges zwischen zwei Merkmalen läßt sich geometrisch verdeutlichen: Wenn individuell verschiedene Ausprägungsgrade eines Merkmals als ›Variation der Individuen auf einer Dimension‹ gefaßt werden können, dann bedeutet vollständiges Zusammenfallen zweier Meßreihen, wie es ja im Falle vollständiger positiver Korrelation gegeben ist, natürlich auch Variation beider Merkmale auf der gleichen Dimension, oder vollständige Kovariation. Entsprechendes gilt für jede mögliche Größe des Zusammenhanges. War also die Richtung, in der die ein Merkmal repräsentierende Dimension angetragen wurde, beliebig, ist die Richtung der anderen festgelegt durch den Grad des Zusammenhanges oder der Art der Kovariation ausgedrückt im Korrelationskoeffizienten. Wie die vollständige positive Korrelation gegeben ist durch die gleiche Varianzrichtung, wird eine Null-Korrelation repräsentiert durch senkrecht aufeinanderstehende Dimensionen, die deswegen keinen gleichen Richtungsanteil haben, weil keine Projektion beider aufeinander möglich ist; eine extreme negative Korrelation drückt sich aus durch ein Auseinanderlaufen der Varianzdimension im Winkel von 180°. Da der Korrelationskoeffizient als Maß für die Stärke des Zusammenhanges zweier Merkmale auch steht für den Anteil gleicher Varianzrichtung dieser Merkmale und da der Anteil gleicher Varianzrichtung sich ausdrückt in dem Winkel zwischen beiden Dimensionen, läßt sich zeigen, daß der Korrelationskoeffizient zwischen zwei Merkmalen gleich ist dem Kosinus des Winkels. Hohe Korrelationen entsprechen kleinen Winkeln zwischen den die Variablen repräsentierenden Vektoren (gerichteten Größen).

Die Faktorenanalyse geht nun von folgender Überlegung aus: Zwei Merkmale können nur dann immer ähnliche Ausprägungsgrade aufweisen, die sie repräsentierenden Dimensionen nur dann einen gleichen Richtungsanteil haben, wenn beiden zum Teil gleiche Bedingungen zugrunde liegen. Anders ausgedrückt, zwei Merkmale sind nur in dem Ausmaß miteinander korreliert, in welchem sie gleichen Bedingungen folgen. Das Problem ist nur, diese Bedingungen aus den Korrelationskoeffizienten zu isolieren. Wie das in der faktorenanalytischen Technik möglich wird, soll ein einfaches, konstruiertes Modell zeigen: Nehmen wir an, wir haben zwei Merkmale für eine Stichprobe von Personen in ihrer individuell verschiedenen Ausprägung bestimmt, nämlich Schulerfolg (als durchschnittliche Abschlußnote) und Berufserfolg (als Höhe des Einkommens). Nehmen wir weiterhin an, beide Merkmale seien nur von je zwei Bedingungen abhängig, nämlich Schulerfolg von Intelligenz und Entwicklungsstand, Berufserfolg von Intelligenz und ›guten Beziehungen‹. Intelligenz wäre dann jene Bedingung, die beiden Merkmalen gemeinsam zugrunde liegt, und zwar in folgendem Sinn: je höher die Intelligenz eines Individuums, desto höher sowohl sein schulischer als auch sein beruflicher Erfolg.

X sei der Schulerfolg mit der Einheit 1. Er entstehe aus den Bedingungen a = Intelligenz mit einem (willkürlich angenommenen) Anteil von 0,8 und b = Entwicklungsstand mit dem Anteil 0,2. Y sei der Berufserfolg, der sich seinerseits zusammensetze aus 0,7 Teilen der Bedingung a (Intelligenz) und 0,3 Teilen der Bedingung c (›gute Beziehungen‹). Sind die Bedingungen unabhängig voneinander, und determinieren sie das Merkmal vollständig, dann ergibt sich dieses als Funktion der Summe seiner Bedingungsanteile: $a_x + b_x \rightarrow X$ und entsprechend $a_y + c_y \rightarrow Y$.

Wenn beide Merkmale miteinander in Beziehung gesetzt werden, sind die aus Abb. 8 ersichtlichen Kombinationen ihrer Bedingungen möglich:

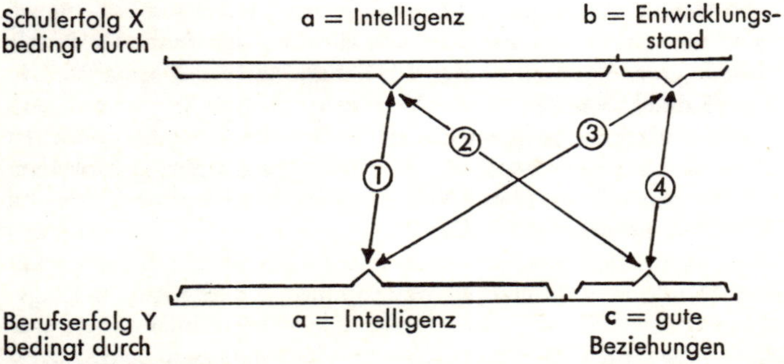

Abb. 8: Die Kombination von Bedingungen zweier Variablen

Das Ausmaß, in dem die einzelnen Bedingungskombinationen auftreten, ergibt sich aus dem Produkt ihrer Anteile:

$$
\begin{aligned}
1.\ a_x \cdot a_y &= 0{,}8 \cdot 0{,}7 = 0{,}56\\
2.\ a_x \cdot c_y &= 0{,}8 \cdot 0{,}3 = 0{,}24\\
3.\ b_x \cdot a_y &= 0{,}2 \cdot 0{,}7 = 0{,}14\\
4.\ b_x \cdot c_y &= 0{,}2 \cdot 0{,}3 = \underline{0{,}06}\\
&\phantom{= 0{,}2 \cdot 0{,}3 =}\ 1{,}00
\end{aligned}
$$

Ihre Summe muß natürlich wieder die Einheit 1 bzw. 100% oder alle möglichen Kombinationen ergeben.

Ein Zusammenhang zweier Merkmale ist nur möglich, wenn gleiche Bedingungen vorliegen; er ist auch nur im gleichen Ausmaß da, in welchem die Bedingungen zusammen auftreten, in obigem Fall also in der Größe des Produktes aus den Anteilen der gleichen Bedingung in beiden Merkmalen, oder $(a_x \cdot a_y)$. Insofern kann der Korrelationskoeffizient als Maß für den Zusammenhang zweier Merkmale im Falle nur einer gleichen Bedingung auch formuliert werden als $r_{xy} = a_x \cdot a_y$; oder für mehrere gleiche Bedingungen

$$r_{xy} = a_x a_y + b_x b_y + \ldots + n_x n_y; \qquad (2)$$

Die für Verhaltensbedingungen stehenden Größen a, b, ... n sind Unbekannte. Aber der Korrelationskoeffizient (r) kann nach der Formel (1) oder einer ihrer zahlreichen Ableitungen aus Meßwerten bestimmt werden.

Die faktorenanalytische Technik ist nun nichts anderes, als aus den Korrelationskoeffizienten zwischen einer Reihe von Merkmalen die allen gemeinsam zugrunde liegenden Bedingungen zu isolieren bzw. jene Dimensionen zu bestimmen, in denen alle Merkmale gemeinsam variieren. Die Anwendung dieser Technik ist bei jedem Material möglich, das die Voraussetzungen erfüllt und bleibt nicht auf die Psychologie beschränkt. Im einzelnen braucht sie für ein Verständnis des Faktorenkonzepts in der Persönlichkeitspsychologie nicht dargestellt zu werden, und es kann auf die Spezialliteratur verwiesen werden (Pawlik, 1968). Geometrisch läßt sich der Grundgedanke so veranschaulichen, daß ein Faktor dort angenommen wird, wo sich die Variablen bzw. die Testvektoren häufen, wie schematisch in Abb. 9 dargestellt. Die Projektion einer Variablen auf einen Faktor entspricht dem Anteil dieser Variablen an dem entsprechenden Faktor.

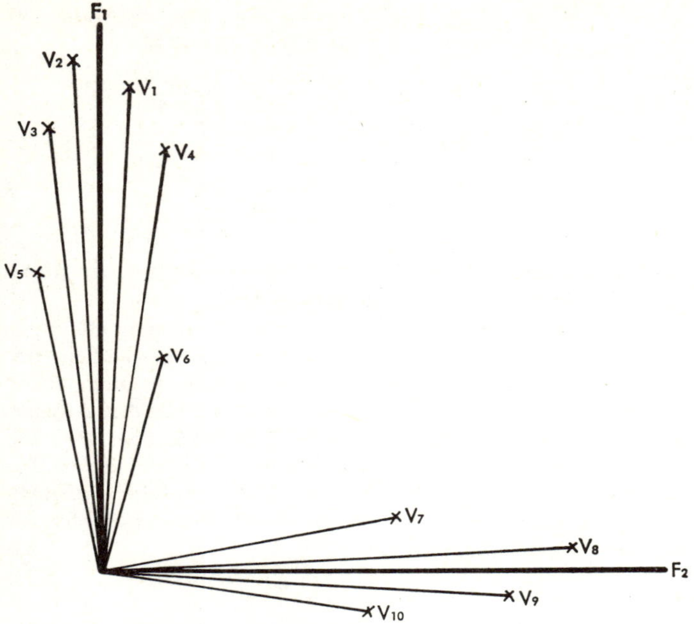

Abb. 9: Schematische Darstellung der Lage von Faktoren in Vektorenbündeln

2. Die Definition von Faktor

Faktor als Terminus technicus in der Persönlichkeitspsychologie bezieht sich nicht auf eine allgemeine Einflußgröße, obwohl der Begriff häufig auch in diesem Sinne gebraucht wird, sondern auf die eindeutig definierten Resultate der Faktorenanalyse. In der Persönlichkeitspsychologie wird mit ihr der Versuch unternommen, aus den Interkorrelationen zwischen einer repräsentativen Auswahl all jener Variablen, mit denen Individuen und ihr Verhalten gekennzeichnet werden können, Zahl und Art der Grundbedingungen zu isolieren, denen das Verhalten folgt. Faktoren sind dementsprechend durch Messung und mathematische Analyse gewonnene funktionelle Einheiten im Bedingungssatz menschlichen Verhaltens. Ihrer Gewinnung nach sind sie zwar zunächst Ordnungsbegriffe, auf welche die kaum überschaubare Vielfalt des Verhaltens reduziert werden kann; sie werden aber auch kausal interpretiert, so wenn Cattell sie »die Quelle der Variation« nennt oder ihren Erbgang untersucht.

Als spezielle Eigenschaftsbegriffe beziehen sich Faktoren auf allgemeine Verhaltensbedingungen sowohl im generellen als auch im universellen Sinne. Zumeist werden sie als voneinander unabhängig angenommen. Obwohl sie funktionale Einheiten sind, sind sie doch noch sehr komplexe Größen.

3. Die faktorenanalytische Persönlichkeitsauffassung

»Die Faktorentheorie stellt sich die Persönlichkeit als Raum mit n-Dimensionen vor.« (Guilford, 1964, S. 87) Dieses allgemeinste Schema einer Persönlichkeitsstruktur ist so zu verstehen, daß die Faktoren als Dimensionen prinzipiell möglicher Variabilität von Individuen zu einem n-dimensionalen Koordinatensystem angeordnet werden, in welchem jeder Mensch entsprechend seiner Ausstattung mit den einzelnen Faktoren eingeordnet werden kann. Da ein n-dimensionaler Raum zwar mathematisch definierbar, anschaulich aber nicht darstellbar ist, werden üblicherweise die Faktoren paarweise miteinander kombiniert, wie in folgendem Beispiel (Abb. 10):

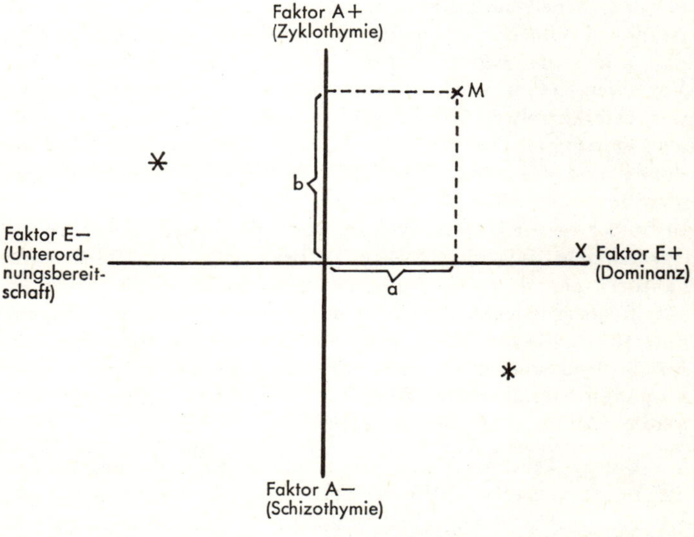

Abb. 10: Individuen dargestellt als Schnittpunkte von Koordinaten

Die Sternchen bezeichnen Individuen mit je verschiedener Ausstattung mit zwei Faktoren. a repräsentiert den Grad der Dominanz des Individuums M, b das Maß an Zyklothymie. (Eine nähere Beschreibung dieser Faktoren findet sich auf S. 64.) Wären alle verhaltensrelevanten Faktoren bekannt und würden alle vorausgesetzten Annahmen zutreffen, könnte tatsächlich jedes Individuum in dieser Form zureichend beschrieben werden. Auch individuelles Verhalten wäre vollständig erklärbar, da die Faktoren ja als seine Bedingungen wirken: »Der Vorteil der Faktoren ist, daß sie als Grundeigenschaften versprechen, die wirklichen strukturellen Einflüsse zu sein, die der Persönlichkeit zugrunde liegen.« (Cattell, 1950, S. 26)

Die Eigenart der Faktoren, aus denen nach den Annahmen faktorenanalytischer Persönlichkeitstheoretiker Persönlichkeit besteht und auf die sich alles Verhalten zurückführen lassen soll, läßt sich am besten an einem Beispiel verdeutlichen. R. B. Cattell, einer der bekanntesten Forscher auf diesem Gebiet, geht so vor: Um die ›Gesamtsphäre der Persönlichkeit‹ zu erfassen, beginnt er beim gesamten Vorrat der englischen Sprache an Worten, die Erlebnisse und Verhaltensweisen bezeichnen. In mehreren Schriften und durch verschiedene Techniken reduziert er diese auf 36 hinreichend verschiedene Variable, die er ›surface traits‹ (Oberflächeneigenschaften) nennt und deren Gesamtheit die ›standard reduced personality sphere‹ darstellt, von der er sagt, daß alle seine weitere Arbeit darauf beruhe. Anhand dieser Variablen nahm er Einstufungen für 200 Versuchspersonen vor, interkorrelierte die Ergebnisse und faktorisierte die erhaltene Korrelationsmatrix. Die erhaltenen Faktoren oder Dimensionen sind die erwünschten ›source-traits‹ oder Grundeigenschaften.

In immer neuen Untersuchungen versucht Cattell diese Grundeigenschaften möglichst präzise zu bestimmen. Er wollte seine Faktoren erst dann als gültig akzeptieren, wenn sie sich nicht nur in verschiedenen Analysen mit gleichen Variablen zeigten, sondern, da die Ergebnisse jeder Faktorenanalyse abhängig vom Ausgangsmaterial sind, wenn sie sich auch bei verschiedenem Ausgangsmaterial übereinstimmend nachweisen ließen. Er verwendete Material aus drei Bereichen:

1. L-Daten: Lebenslaufdaten oder »Statistik der biographischen Ereignisse« (Bergius, 1960, S. 528), Verhaltensbeobachtungen in Zeitstichproben und Einstufungen der Versuchspersonen hinsichtlich einzelner Merkmale durch sachverständige Beurteiler.

2. Q-Daten: Selbstauskünfte der Versuchspersonen über sich in Interview und Fragebogen (questionnaire).

3. T-Daten: In objektiven Tests oder Experimenten gewonnene Informationen, bei denen die Versuchspersonen nicht wissen, worum es geht.

Folgende bipolare Faktoren fand Cattell mehrfach und übereinstimmend aus L- und Q-Daten (die Buchstaben entsprechen der von Cattell angegebenen Bezeichnung; da die Neologismen, die er zu ihrer verbalen Beschreibung verwendet, nicht immer eindeutig übersetzbar sind, stehen die englischen Benennungen dabei):

A: Zyklothymie	gegen	Schizothymie	(Cyclothymia – vs – schizothymia)
B: Intelligenz	gegen	geistigen Defekt	(Intelligence)
C: Ich-Stärke	gegen	Emotionalität	(Egostrenght – vs – emotionality)
D: Überempfindliche Emotionalität	gegen	phlegmatische Frustrationstoleranz	(Excitability-Insecurity)
E: Dominanz	gegen	Unterordnung	(Dominance – vs – submissiveness)
F: Sanguinische Tendenz	gegen	melancholische Tendenz	(Surgency – vs – Desurgency)
G: Positive Charakter-Integration	gegen	unreife Abhängigkeit	(Super Ego Strenght)
H: Großzügige, unternehmungslustige Zyklothymie	gegen	heboide, schizothyme Zurückgezogenheit	(Parmia [Parasympathetic immunity] – vs – Thretia, or Threat Reactivity)
I: Empfindsame, einbildungsreiche Emotionalität	gegen	abgeklärte, reife, feste Haltung	(Premsia – vs – Harria)
J: Neurasthenie	gegen	Hyperaktivität	(Coasthenia [or ›Thinking Neurasthenia‹])
K: Sozialisiertheit, Kultiviertheit	gegen	Ungesittetheit, Roheit	(Comention – vs – Abcultion)
L: Paranoide Schizothymie	gegen	empfindsame Vertrauensseligkeit und Zugänglichkeit	(Protension [or Paranoid Trend] – vs – Inner Relaxion)

M:	Bohemienhafte Unbekümmertheit	gegen konventionelle Nüchternheit, ›Spießbürger‹	(Autia – vs – Praxernia)
N:	Weltgewandtheit	gegen Naivität	(Shrewdness – vs – Naivety)
O:	Schüchternheit	gegen Selbstsicherheit	(Guilt Proneness – vs – Confidence)

Die verbale Bezeichnung der Faktoren orientiert sich an den Gemeinsamkeiten der Variablen, welche einen hohen Anteil an diesem Faktor haben und an den Unterschieden zu anderen, die nichts mit diesem Faktor zu tun haben. So haben z. B. die Faktoren A und E hohe Anteile an den in Abb. 11 angeführten Ausgangsgrößen der Analyse:

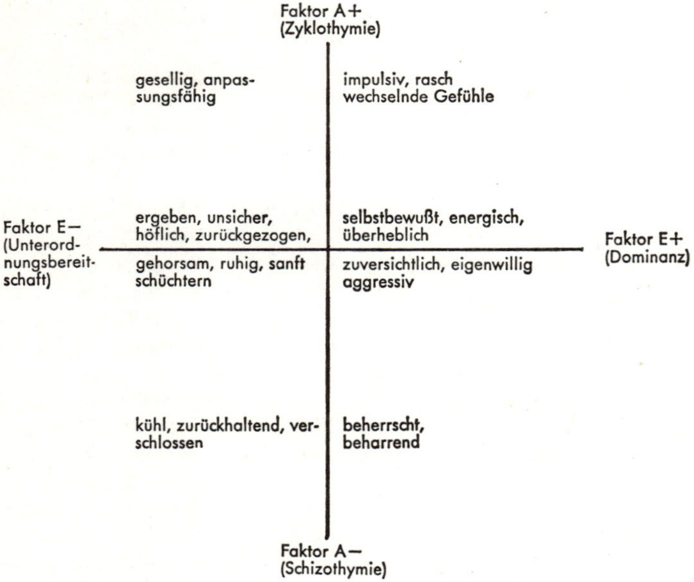

Abb. 11: Die Bedeutung der Faktoren Zyklothymie und Dominanz

Die Anwendung der faktorenanalytischen Technik ist nicht auf Datenmaterial beschränkt, das die gesamte Persönlichkeit repräsentieren soll. Zahlreiche Faktorenanalysen wurden in Teilbereichen des Verhaltens bzw. der Persönlichkeit durchgeführt. Neben solchen der Wahrnehmung, des Gedächtnisses, des Lernens, der Motorik und vor allem der Intelligenz finden sich in der Literatur interessante Untersuchungen zu Persönlichkeitsbereichen im engeren Sinn wie Temperament, Emotionalität, Interessen, Einstellungen, Motivation u. ä. Zusammenfassend informiert darüber Pawlik (1968).

4. Kritik des Faktorenkonzepts

Faktoren sind spezielle Eigenschaftsbegriffe. Der Hauptunterschied zwischen ›Faktor‹ und ›Eigenschaft‹ liegt in der Methode ihrer Gewinnung. Während Eigenschaftsbegriffe vorwiegend phänomenologisch-deskriptiv oder auch etymologisch (Heidegger) gewonnen werden, sind Faktoren Produkte möglichst exakter Messungen und mathematischer Analysen. Damit haben Faktoren den herkömmlichen Eigenschaften gegenüber bedeutende Vorteile, insbesondere was begriffliche Prägnanz und die Prüfbarkeit der in diesen Konzepten formulierten Aussagen betrifft.

Insoweit Faktoren aber als Eigenschaften konzipiert und wie sie als Verhaltensbedingungen nicht nur konsistent, sondern auch generell und universell sein müssen, gilt das zur Kritik des Eigenschaftsbegriffes unter diesen Punkten Gesagte auch für sie. Insbesondere ist die Frage der Universalität für solche Faktoren höchst problematisch, die wie die Cattellschen (aber auch entsprechend andere) aus den Lebensgewohnheiten in der nordamerikanischen Gesellschaft der zweiten Hälfte des 20. Jahrhunderts abgeleitet sind.

Aber auch die exakte Methode der Gewinnung schließt erhebliche Nachteile ein, auf die ausführlicher hingewiesen werden muß.

Zunächst ist schon die Anzahl der aus einem gegebenen Untersuchungsmaterial zu isolierenden Faktoren nicht nur abhängig von der Eigenart des verwendeten Untersuchungsverfahrens, sondern auch von der untersuchten Stichprobe. Es kann nämlich gezeigt werden, daß die Anzahl der Faktoren, die sich aus einer Analyse ergeben, auch eine Funktion anderer Einflüsse ist. Ein Großteil der in der Psychologie durchgeführten Faktorenanalysen bezieht sich auf die Struktur der Intelligenz. Wie die Persönlichkeitsstruktur allgemein, soll durch Analyse einer repräsentativen Stichprobe von Intelligenzleistungen auch die Intelligenzstruktur erschlossen werden. Die erhaltenen Faktoren entsprechen dann ›Grundfähigkeiten‹. Durch eine Reihe von Arbeiten konnte aber gezeigt werden, daß die Anzahl der Faktoren, die sich aus dem gleichen Untersuchungsverfahren ergeben, abhängig ist vom Alter der in die Stichprobe aufgenommenen

Personen, vom Grad ihrer Neurotisierung oder ihrem durchschnittlichen Intelligenzniveau. Letzteres zeigen die Ergebnisse einer Untersuchung von Lienert (1960): Er untersuchte zwei sozioökonomisch homogene Stichproben zehn- bis zwölfjähriger Volks- und Oberschüler mit Intelligenztests, die für beide Gruppen gleiche Streuungen aufwiesen, und führte getrennte Faktorenanalysen durch. Es ergaben sich u. a. für die Oberschüler mehr Faktoren als für die Volksschüler bei sehr unterschiedlicher Faktorenstruktur. Mit anderen Worten, dem höheren Intelligenzniveau entspricht eine differenziertere Intelligenzstruktur. Wenn sich aber die Anzahl der Faktoren ändert, mit denen ein Material zureichend beschrieben werden soll, muß sich auch ihre Eigenart ändern; denn es ergeben sich ja damit neue Kombinationen von Variablen, die einen Faktor ausmachen.

Ebenso schwerwiegende Gründe wie aus dieser Beobachtung lassen sich aus den für die Faktorenanalyse erforderlichen Voraussetzungen gegen das Faktorenkonzept ableiten. Aus der Gleichung (2) wird deutlich, daß die Faktorenanalyse voneinander unabhängige Bedingungen annehmen muß, die additiv zusammenwirken, um ein zu analysierendes Phänomen wie das konkrete Verhalten eines Individuums zu bewirken. Aber weder Unabhängigkeit noch Additivität der Bedingungen des Verhaltens eines Individuums können als gesichert gelten. Zahlreiche Untersuchungen zeigen eher das Gegenteil: so alle Experimente aus schon mehrfach zitierten Gleichgewichtstheorien, aber auch das zur Kritik des Habit-Konzepts angeführte Beispiel, oder der oben zitierte Zusammenhang zwischen Eigenart der Intelligenz und Grad des Neurotizismus[27].

Auch die Annahme der Additivität von Verhaltensbedingungen ist nicht die einzig mögliche in der Psychologie: Hull führt z. B. ›Triebe‹ als ›Multiplikatoren‹ in seine Theorie ein. Daß eine Interrelation der Verhaltensbedingungen angenommen werden muß, kann als sicher gelten; nur ist die Frage offen, welcher Art diese ist.

Ihm und seiner Schule gelingen damit einfache Verhaltensvoraussagen bei Tieren. (Hull, 1943, 1951) In die Voraussetzungen der Faktorenanalyse gehen also Annahmen ein, die für das Faktum Verhalten nicht zutreffen.

Noch eine weitere kritische Überlegung sei angeführt, die sich aus der Methode, mittels der Faktoren gewonnen werden, ableiten läßt. Gemäß ihrem Vorgehen ergibt die Faktorenanalyse Bedingungen, die allen untersuchten Merkmalen gemeinsam zugrunde liegen. Damit werden nicht nur alle für je ein Merkmal spezifischen Determinanten ausgeschlossen, sondern durch die Eigenart der Methode ist es auch unmöglich gemacht, daß mögliche individuelle oder gruppenspezifische Verhaltensbedingungen im Ergebnis erscheinen[28]. Damit drängt sich aber der Verdacht auf, daß Faktoren als allgemeine und einheitliche Verhaltensbedingungen methodische Artefakte sind. So faszinierend dieses Konzept zur Fassung der Einheiten im Bedingungssatz des Verhaltens zunächst auch scheinen mag, so sehr es besticht durch die Prägnanz seiner Begriffe, die Schärfe seiner Methoden und die Einfachheit seiner Modelle, für die angestrebte Theorie der Persönlichkeit ist es nur vorläufig und nur stark eingeschränkt, z. B. zur einfacheren Beschreibung komplexen Datenmaterials, brauchbar.

5. Zusammenfassung

a) Faktoren sind durch Messung und mathematische Analyse der Meßdaten gewonnene Eigenschaften. Sie sind die Bedingungen, auf denen alle in die jeweilige Faktorenanalyse eingehenden Merkmale gemeinsam beruhen, oder die Dimensionen, in denen diese Merkmale variieren. Faktoren werden nicht nur als Beschreibungskategorien interpretiert, sondern als die hinter den Phänomenen stehenden Ursachen. Untersucht man eine repräsentative Stichprobe des Verhaltens an einer ebenso repräsentativen Stichprobe von Versuchspersonen, so verspricht die Faktorenanalyse alle diejenigen Grundeigenschaften der Persönlichkeit zu ergeben, welche in ihrer Gesamtheit Persönlichkeit als Inbegriff der Verhaltensbedingungen ausmachen.

b) Da Faktoren universelle Verhaltensbedingungen sind, wird Persönlichkeit allgemein darstellbar als n-dimensionaler Raum, den die (vorerst noch unbekannte) Zahl n der für die Erklärung des Verhaltens benötigten Faktoren als Dimensionen bildet. Jedes Individuum wird in diesem Raum darstellbar als Schnittpunkt seiner Koordinaten, die ihrerseits der persönlichen Ausstattung mit den einzelnen Faktoren entsprechen. Individuelles Verhalten folgt der jeweiligen Faktorenausstattung. Sie ist mit geeigneten Methoden meßbar. Mit zusätzlicher Kenntnis der ebenfalls als Faktorenstruktur ausdrückbaren Anforderungen einer Situation läßt sich Verhalten dann auch voraussagen.

c) Die Vorteile des Faktorenkonzepts liegen in der Präzision seiner Begriffe, der Exaktheit seiner Methoden und der Einfachheit sowie der Eindeutigkeit der damit möglichen Persönlichkeitsmodelle.

Seine Nachteile sind hauptsächlich in den Voraussetzungen der Methode begründet, vor allem in den Annahmen der Unabhängigkeit und der Additivität der wirkenden Bedingungen, die den tatsächlichen

Verhältnissen offensichtlich nicht entsprechen. Aber auch ihre Fassung als universelle, d. h. für alle Menschen gleiche Verhaltensdeterminanten, ist auf jener Abstraktionsstufe zweifelhaft, auf der die bisher analysierten Faktoren stehen und in die starke sozioökonomische und soziokulturelle Einflüsse eingehen. Mögliche individuelle oder gruppenspezifische Verhaltensdeterminanten werden nicht durch die Eigenart des Gegenstandes, sondern durch die Eigenart der Methode ausgeschlossen. Ihre Ergebnisse sind dann auch nicht konsistent, sondern variieren auch bei gleichen angewandten Untersuchungsverfahren mit der Eigenart der untersuchten Stichprobe. Mit diesen Mängeln ist auch Faktor als zentrales Konzept zur Erfassung der Bedingungen individuellen Verhaltens trotz aller Vorteile nur stark eingeschränkt brauchbar.

Weiterführende Literatur:

Cattell (1957[29]); Pawlik (1968).

IV. Motiv

1. Vorbemerkungen

Die vorausgehend besprochenen Einheiten im Bedingungssatz individuellen Verhaltens bezogen sich überwiegend auf strukturelle Gegebenheiten der Persönlichkeit, also auf ihren Aufbau aus Eigenschaften bzw. auf die Steuerung des Verhaltens durch Reize über Habits, die als erworbene Organisationsformen sich ebenfalls auf die Struktur der Persönlichkeit beziehen. Über solche strukturellen Merkmale allein läßt sich Verhalten aber offensichtlich nicht adäquat erklären. Deswegen wurde versucht, für Annahmen über die Dynamik, die sich auf die Ursachen der ablaufenden Prozesse beziehen, bessere Erklärungsmöglichkeiten zu finden. Die alte Dreiteilung psychischer Aktivitäten in Denken, Fühlen und Wollen ist in der psychologischen Forschung lange beibehalten worden; die ihnen entsprechenden Phänomene wurden in der allgemeinen Psychologie unter den Termini Kognition, Affekt und Konation, sowie in der differentiellen Psychologie als Fähigkeiten, Temperament und Dynamik untersucht (vgl. Horn, 1966, S. 612). In jüngerer Zeit beschränkt man sich immer mehr auf eine Zweiteilung. Bekanntgeworden ist die Unterscheidung von Rohracher (1963) in ›psychische Funktionen‹ (z. B. Wahrnehmung, Vorstellen, Denken) und ›psychische Kräfte‹ (z. B. Triebe, Interessen, Gefühle, Willenserlebnisse).

Emotionen, Affekte u. ä. werden den ›Kräften‹ subsumiert, weil sie Verhalten antreiben oder in eine bestimmte Richtung lenken. Für die Fassung dieses energetischen Aspektes des Verhaltens wurden die verschiedensten Begriffe eingeführt: Trieb, Triebkraft, Drang, Strebung, Zielstrebigkeit, Wille, Zweck, aber auch Bedürfnis, Emotion, Affekt und viele ähnliche. Alle Erscheinungen, die Verhalten mit Energie versorgen oder in eine bestimmte Richtung lenken, werden gegenwärtig zumeist unter dem Oberbegriff der Motivation zusammengefaßt. Motiv ist dann ›eine Einheit‹ des Geschehens bzw. Geschehensaspektes, den man mit dem Begriff ›Motivation‹ umschreibt. (Thomae, 1965, S. 19) Was darunter im einzelnen zu verstehen ist, muß geklärt werden.

2. Die Definition von Motiv

Wie Eigenschaft ist auch Motiv dem Alltagsdenken als Bedingung des Verhaltens vertraut; wie man glaubte, jedes Verhalten eines Individuums auffassen zu können als Funktion seiner Eigenschaften, so soll es auch zurückgeführt werden auf seine Motive, was jeder Leser von Kriminalromanen weiß. Der Motivbegriff ist aber ebenso vieldeutig wie der Eigenschaftsbegriff. Da eine eindeutige Definition nicht gegeben werden kann, müssen im folgenden die Hauptaspekte des Motivbegriffs herausgearbeitet werden.

a) Motive als psychologische Sonderform der Kausalität

Die Frage nach dem Motiv einer Handlung ist die Frage nach dem ›Warum‹ (Krech, Crutchfield und Ballachey, 1962, S. 68). Warumfragen beziehen sich auf die Ursachen des zu erklärenden Phänomens. Dem entspricht auch der Wortsinn des ›motivum‹ (von moveo) als Beweggrund. Motive sind aber sehr spezifische Ursachen, insofern sie nur menschlichem Verhalten oder höchstens noch dem höherer Tiere zugrunde gelegt werden. Niemand käme auf den Gedanken, z. B. die Explosion eines Gaskessels auf ein Motiv zurückzuführen. Von anderen Ursachen werden Motive meist dadurch unterschieden, daß sie Verhalten von Zielen und Zwecken her bedingen, z. B. der Bedürfnisbefriedigung. Lersch (1962, S. 90) betont diesen Unterschied besonders:

»Im Erfahrungsbereich der messenden Naturwissenschaften haben wir es zu tun mit Kausalzusammenhängen, im Erfahrungsbereich des Seelischen jedenfalls weitgehend mit Motivationszusammenhängen.«

Zwar wird heute kaum mehr daraus der Schluß gezogen, daß Naturvorgänge ausschließlich ›kausal‹, menschliches Verhalten aber ausschließlich ›teleologisch‹ bedingt sei, und es wird auch nicht mehr die methodologische Forderung Diltheys aufrechterhalten, die Natur zu ›erklären‹, das Seelenleben aber zu ›verstehen‹; dennoch wird der Motivbegriff weitgehend als unterschieden von einem allgemeinen Ursachenbegriff beibehalten.

Heckhausen (1963, S. 4) nimmt für die Erklärung folgender fünf Phänomengruppen ›Motivation‹ als Ursache an:

1. Interindividuelle Unterschiedlichkeit und relative Situationsunabhängigkeit des Verhaltens;
2. starker und lang anhaltender Kräfteeinsatz;
3. gerichteter oder geordneter Phasenablauf der psychischen und motorischen Gesamttätigkeit bis zu einem ›natürlichen‹ Abschluß;
4. auffällige Abweichung der psychischen Funktionsleistungen vom Vorgegebenen, Üblichen, Zweckmäßigen;
5. Binnenleben von emotionaler bzw. dranghafter Natur.

b) Motive als spezifisch psychische Form der Energie

Jeder natürliche Prozeß kann als Energieumwandlung aufgefaßt werden. Auch Erleben und Verhalten bedürfen zu ihrer Aktualisierung einer Energie. Wenn Erleben und Verhalten als ›psychische‹ Phänomene zusammengefaßt und von anderen Gegebenheiten als besondere Klasse unterschieden werden, dann erscheint es selbstverständlich, daß es zum Ablauf psychischer Prozesse auch einer besonderen Form der Energie bedarf, eben der psychischen.

Freud (1940), dem wohl das Hauptverdienst an der heute so starken Beachtung dynamischer Aspekte in der Psychologie zukommt, nahm als diese besondere Form der Energie die Libido an. Sie ist zusammengesetzt aus einer Reihe von Partialtrieben, die aber alle auf sexuelle Befriedigung (in sehr weitem Sinne des Wortes) drängen. Diese sexuelle oder libidinöse Energie treibt alles Verhalten an, motiviert es.

Als sich Adler und Jung von der psychoanalytischen Schule Freuds trennten, dieser die ›analytische‹ und jener die ›Individualpsychologie‹ begründete, bestanden die Hauptunterschiede in den Annahmen über die Kraft, welche psychisches Leben in Gang hält. Adler meinte, daß dies der »Wille zur Macht« sei, Jung verstand unter Libido eine allgemeine, thematisch nicht besonders akzentuierte (wie Sexualität oder Machtstreben), aber dennoch auch eine besondere psychische Energie.

Heute wird die Libidolehre Freuds zu differenzierten Motivationsmodellen fortentwickelt, wie z. B. von Toman (1954); aber auch den dabei angenommenen Motiven wird häufig noch die Bedeutung einer spezifischen psychischen Energie beigelegt, wie sie Freud mit dem Libidobegriff einführte.

c) Motive als Richtungsdeterminanten

Häufig wird Motiv auch als Determinante der Richtung des Verhaltens verstanden. Dies einmal in dem Sinne, daß Motive selbst gerichtete und das heißt auf bestimmte Ziele bezogene Kräfte sind, wie z. B. bei Mc Dougall (1947, S. 20): »Der Mensch ist so veranlagt, daß er – wie die Tiere anderer Gattungen – bestimmte natürliche Hauptziele begehrt und unter entsprechenden Umständen erstrebt: Nahrung, Unterkunft, Gefährten, den Geschlechtspartner, Wissen und so fort.« Die Ziele aber, nach denen der Mensch strebt, sind »die natürlichen Ziele der angeborenen Triebkräfte«[30]. Die Triebkräfte ihrerseits sind die Motive.

Zum zweiten wird die richtende Wirkung der Motive so verstanden, daß eine vorhandene, ungerichtete Energie durch sie in spezifischer Weise gelenkt wird. So z. B. von Hebb (1949), der physiologische Erregung gleich Antrieb setzt, wobei Antrieb wohl energetisierend, nicht aber richtend wirkt und die Richtung erst durch die steuernde Funktion der Motive bestimmt wird.

Eine interessante Variante zu diesen Überlegungen bot Fuchs (1967) an: Er entwickelte unter Anwendung kybernetischer Modelle auf neurophysiologische Prozesse einen Motivbegriff, dessen physikalisches Analogon nicht mehr die Antriebskraft eines Motors, sondern die Potentialdifferenz zwischen Ist- und Sollzustand eines Systems ist, die dann als Steuerimpuls wirkt.

d) Motive als intervenierende Variable[31]

Die Lernpsychologie sah sich bei ihrer Theorienbildung früh gezwungen, die selbst auferlegte Beschränkung auf Reize und Reaktionen aufzugeben, um auch die Tatsache verschiedener Reaktionen bei gleicher äußerer Reizsituation oder ähnlicher Reaktionen bei verschiedener Reizlage erklären zu können. Zwischen Reizen und Reaktionen bzw. Reaktionshierarchien wurden deshalb Variable angenommen, welche neben oder mit den Reizen die erscheinende Reaktion mitbestimmen (vgl. Hull, 1951). Diese ›dazwischentretenden‹ Variablen sind zumeist Motivationsgrößen, wie z. B. die primäre Motivation D (drive = Trieb) bei Hull. Er führte die Motivation in sein System ein mit der fundamentalen Beziehung $_SE_R = D \times {}_SH_R$, oder in Worten: Die Bereitschaft zu einer bestimmten Handlung (das Reaktionspotential) ergibt sich aus dem Produkt einer gegebenen Trieb- oder Motivstärke mal der Stärke des Habits, das eine Reaktion an einen Reiz koppelt.

Brown (1961, zitiert nach Thomae, 1965, S. 52f.) gibt einige »Kriterien zur Bestimmung von Motivationsvariablen«, ohne dafür Vollständigkeit zu beanspruchen. Nach ihm werden (inhaltlich unterschiedlich bestimmte) Variablen als motivierend bezeichnet, wenn

1. Reaktionen unterschiedlicher Qualität durch sie erleichtert oder mit Energie versorgt werden (z. B. bewirkt länger dauernder Nahrungsentzug die unterschiedlichsten Verhaltensweisen. Als Variable kann die Zeitdauer verwendet werden);
2. das Lernen neuer Reaktionen von ihnen unabhängig zu sein scheint (erfolgt z. B. in der gleichen Situation mehrfach die Verminderung einer bestimmten Bedürfnisspannung, wird diese Situation bei Auftreten des entsprechenden Bedürfnisses wieder aufgesucht. Als Variable gilt die Anzahl der triebreduzierenden Befriedigungen oder ›Bekräftigungen‹ der Verhaltensweise, welche diese Situation herbeiführt);
3. ihre Veränderung zu einem Schwächerwerden bestimmter Reaktionen führt (hat z. B. eine bestimmte Verhaltensweise zu unangenehmen Erfahrungen geführt, wird diese Situation in Zukunft gemieden. Die entsprechende Variable ist die Anzahl der ›Bestrafungen‹ dieser Verhaltensweise); und schließlich
4. keine andere Erklärung als angemessen erscheint. Brown weist selbst darauf hin, daß Variable häufig dann als motivierend bezeichnet werden, »wenn sie das Verhalten in einer Art und Weise beeinflussen, die allgemein für motivational gehalten wird«. (Diese Auffassung spricht für sich selbst. Das ihr zugrunde liegende Vorgehen findet sich implizit in der Literatur häufiger, als man es in wissenschaftlich sein wollenden Bemühungen vermuten würde.)

Atkinson (1964, S. 270) nennt diese vorstehende Auffassung der Motivation die ›Trieb- × Habit-Konzeption‹ und setzt sie ab von dem ›Wert- × Erwartungs-Modell‹, das als letztes Konzept besprochen werden soll.

e) Motive als Vektoren in einem Kraftfeld

Alle bisher besprochenen Auffassungen verstanden Motive mehr oder weniger explizit als Merkmale von Individuen. Auf Lewin, einen führenden Repräsentanten der Berliner Gestaltspsychologie, geht die Grundannahme zurück, welche die im Verhalten wirksamen Kräfte aus der Gesamtsituation, in der Verhalten abläuft, verständlich macht. Lewin versteht Verhalten als eine Funktion des ›Lebensraumes‹: V = f (L). Lebensraum bedeutet dabei die Gesamtheit aller für ein Individuum relevanten Gegebenheiten zu einer bestimmten Zeit. In das Konzept des Lebensraumes gehen das Individuum selbst, als Person mit allen Merkmalen, ein, und die Umwelt in der Bedeutung, wie sie von diesem Individuum erlebt wird. Obige Beziehung kann deshalb ausgedrückt werden als V = f (P, U). Verhalten wird damit das Ergebnis einer Interaktion zwischen dem Individuum und seiner Umwelt.

Betrachtet man den Lebensraum analog einem physikalischen Feld als Kraftfeld, dann können die verhaltenswirksamen Kräfte als Vektoren (gerichtete Größen, die an einem definierten Punkt angreifen) dargestellt werden. Die Kräfte entsprechen den psychologischen Spannungen zwischen der Bedürfnislage eines Individuums und den subjektiven Valenzen der Gegenstände im Feld. Das Verhalten des Individuums folgt der Resultante aller im Augenblick wirkenden Kräfte, die ihrerseits als Vektor dargestellt werden kann und als Motiv erscheint. Motive in diesem Sinne sind also Charakteristiken nicht allein des Individuums, sondern der gesamten Handlungssituation. Dieser Ansatz von Lewin, der Motive als »phänomenale Repräsentation einer dynamischen Abhängigkeit der Feldteile (einschließlich der eigenen Person) in einer konkreten Situation« (Helm 1960, S. 371) auffaßt, wurde in ähnlicher Weise von Tolman und in der Folge von Entscheidungs- und Spieltheoretikern erfolgreich angewandt. Bei allen ist eine Interaktion zwischen einer subjektiven Erwartung über das Ziel einer Handlungssituation und der Valenz des Bezugsgegenstandes für das handelnde Individuum im Motivationskonzept eingeschlossen. Atkinson faßt diese Auffassungen deshalb zusammen als ›Wert-×Erwartungs-‹Konzeptionen. Ein weiterer wichtiger Unterschied zu den vorher besprochenen Bedeutungen des Motivbegriffs ist noch der, daß die ›Wert-×Erwartungskonzeption‹ einen kognitiven Charakter trägt. Motivationsprobleme können also nicht unabhängig von den kognitiven Strukturen der handelnden Individuen untersucht werden. Dies entspricht auch der oben zitierten Fuchsschen Auffassung, die zusätzlich hervorhebt, daß der kognitive Charakter der Motivation als strukturelle Eigenart eines psychologischen Verhaltensmodells sich auf neurophysiologische Vorgänge strukturinvariant abbilden läßt. (Fuchs, 1967, S. 232 f.)

Die Besprechung der Bedeutungskomponenten, die im Motivbegriff zusammengefaßt sind, muß hier beendet werden, ohne daß Anspruch auf Vollständigkeit erhoben werden könnte. Es sind jedoch die hauptsächlichsten Bedeutungen, die dem Motivbegriff beigemessen werden, wenn er als analytische Einheit im Bedingungssatz des Verhaltens verwendet wird. Auch sei noch einmal hervorgehoben, daß diese Komponenten nicht eindeutig einzelnen Autoren zuzuordnen sind; bei der Verwendung des Motivbegriffs in der praktischen Forschungsarbeit fließen zumeist mehrere der hier isoliert herausgearbeiteten Bedeutungsinhalte zusammen.

3. Die motivationspsychologisch orientierte Auffassung der Persönlichkeit

Persönlichkeitsmodelle, die ausschließlich in Motivbegriffen formuliert werden, gibt es auch bei solchen Autoren nicht, bei denen der dynamische oder energetische Aspekt im Vordergrund der Betrachtung steht. Freud z. B., der lehrte, daß ein individueller Lebenslauf sich entwickelt entsprechend der »Wandlung und Schicksale der Libido«, ergänzte diesen energetischen Aspekt durch ein Strukturmodell der Persönlichkeit, bestehend aus dem ›Es‹ (das System der Triebe), dem ›Ich‹ (die Instanz, welche den Kontakt mit der Realität herstellt) und dem ›Überich‹ (das System der übernommenen sozialen Normen, in gewissem Sinne das Gewissen) [32]. Oder Mc Dougall, der letzte Instinkttheoretiker im Rahmen der Persönlichkeitspsychologie, fügt den von ihm vorläufig angenommenen angeborenen Triebkräften [33], die er hinter allem Verhalten sieht, Fähigkeiten hinzu, über welche sich die Triebkräfte in Verhalten umsetzen.

Hofstätter (1960, S. 542) führt aus, daß jede Persönlichkeitstheorie zwei Aufgaben habe:

»Sie muß einmal den systematischen Rahmen für die Ordnung der zwischen Individuen festgestellten Unterschiede bieten; zum anderen erwartet man von ihr ein Modell, das die Analyse der Diskrepanzen zwischen den Erscheinungsweisen ein und desselben Individuums in verschiedenen Situationen oder auch Lebensbereichen gestattet.«

Er setzt den ersten Aspekt gleich mit einer ›statischen‹ Theorie, die sich mit interindividueller Variabilität befaßt und sich begrifflicher Konstruktionen bedient, welche quantitative Aussagen über die individuelle Ausgeprägtheit von Merkmalen und das

Maß ihres Zusammenhangs gestatten; der zweite Aspekt ist für ihn (und für viele andere Autoren) eine dynamische Theorie, welche auf intraindividuelle Variabilität eingeht, indem sie die zielstrebigen Prozesse im Rahmen einer Persönlichkeit untersucht. Deren analytische Einheiten werden üblicherweise unter dem Motivbegriff zusammengefaßt.

Tatsächlich finden sich auch in strukturalen Modellen der Persönlichkeit, wie sie am Beispiel Guilfords erörtert wurden (vgl. S. 41), immer wieder dynamische Konzepte, sei es auch nur als ›motivierende Variable‹. Auch Cattell, dessen strukturales Faktorenmodell der Persönlichkeit schon dargestellt wurde (vgl. S. 62 f.), ergänzt dieses durch einen dynamischen Aspekt, indem er als dynamische Eigenschaften ›ergs‹ (anlagebedingte Antriebseigenschaften im Sinne Mc Dougalls) und ›metanergs‹ (umwelt- oder lernbedingte Antriebe) wie Gesinnungen (›sentiments‹) oder Einstellungen (›attitudes‹) einführt. Auf die Schwierigkeiten, die sich daraus für das Gesamtsystem Cattells ergeben, weist Graumann (1960, S. 145) hin.

Dennoch lassen sich überwiegend dynamische von überwiegend statischen oder strukturalen Persönlichkeitskonzeptionen unterscheiden. Die dynamischen Ansätze innerhalb der Persönlichkeitspsychologie können zwar nicht einzeln dargestellt, aber zusammenfassend klassifiziert werden: Lersch unterscheidet nach dem ›Thema‹ und der Anzahl der jeweils angenommenen wirkenden Kräfte drei Gruppen (1962, S. 126 f.):

1. »Monothematische Theorien« sind »alle Versuche, die zielgerichtete Dynamik des menschlichen Seelenlebens auf eine einzige Grundtriebfeder zurückführen«. Als Beispiel dafür verweist er u. a. auf Freud; zu Recht insofern, als in der Psychoanalyse angenommen wird, daß die Energie für eine Vielzahl von Verhaltensweisen libidinöser Natur sei. Zum Beispiel entstehen diesen Annahmen zufolge alle kulturellen Schöpfungen über den Mechanismus der ›Sublimation‹ aus libidinöser Energie. Zu Unrecht wird Freud in diesem Zusammenhang aber deswegen angeführt, weil er in seinen späteren Werken den der Libido entgegengerichteten Todes-, Aggressions- oder Destruktionstrieb seinem System einfügte.

2. »Polythematische Theorien« nehmen »eine Mehrheit unterscheidbarer Strebungen an«. Ihnen entsprechen die alltäglichen Annahmen über das, was das »menschliche Getriebe« in Gang hält: Hunger, Liebe und auch Schmerz, Geselligkeit u. ä. Ein Beispiel aus der Persönlichkeitspsychologie ist die Liste McDougalls (vgl. Fußnote Nr. 30).

3. »Athematische Theorien« »anerkennen zwar eine Vielheit von Triebregungen, erklären aber eine Spezifizierung und systematische Gliederung dieser Mannigfaltigkeit für unmöglich«. Ein Beispiel für diese Auffassung ist C. G. Jungs Definition der Libido als allgemeine psychische Energie. Lersch führt in diesem Zusammenhang im Anschluß an Gehlen aus, daß durch die Unterscheidung verschiedener Triebe oder Motive »die Antriebsthematik als bleibende Eigenschaft gesetzt wird, während sie in Wirklichkeit bei unseren aktuellen Handlungen durch die jeweils gegebene Situation und die konkreten Weltinhalte bestimmt wird.« Dieser Interpretation entspricht auch die Allportsche Auffassung, dessen »Prinzip von der funktionalen Autonomie der Motive« in die Literatur eingegangen ist. Es bedeutet, daß das, was im »Aktivitätsstrom« ursprünglich Mittel war (z. B. Arbeit um des Lohnes willen), seinerseits Zweck werden kann (Freude an der Arbeit selbst). Zugrunde liegt die Annahme, daß Motive nicht als konstante Tendenzen dargestellt werden können, die entweder angeboren (wie bei McDougall) oder aber im wesentlichen in der frühen Kindheit erworben sind (wie bei Freud), sondern daß sie sich ergeben aus dem gegenwärtigen situativen System, in welchem das Individuum handelt, und der gesamten individuellen Entwicklungsgeschichte. Horn (1966, S. 611 f.) unterscheidet traditionelle a priori und operational begründete a priori Motivlisten[34]. Zu den ersteren zählt er McDougall (1947), Maslow (1954) und Murray (1938). McDougalls Liste wurde als Beispiel bereits besprochen (vgl. Fußnote Nr. 30). In bezug auf Murray ist der Hinweis von Interesse, daß seine Annahmen über motivierende Variable die Grundlage für einen der am weitesten verbreiteten projektiven Persönlichkeitstest bildeten, nämlich den ›Thematischen Apperzeptionstest‹ (vgl. Revers, 1958). Von dieser Murrayschen Motivliste gehen aber auch die berühmten Arbeiten aus, die von der Gruppe um McClelland gemacht wurden (McClelland, 1951, McClelland, Atkinson, Clark und Lowell, 1953).

Diese letzteren Autoren werden zu den Vertretern operational begründeter a priori-Motivlisten gezählt. Bei ihnen geschieht zwar die Auswahl der als relevant angenommenen Motivklassen und ihre Benennung mehr oder weniger willkürlich, den Aussagen über die Wirkung einzelner Motive liegen aber zahlreiche empirische Untersuchungen zugrunde. Von McClelland und seiner Schule werden vor allem folgende Bedürfnisse (needs = n) behandelt, die auf die Motivliste Murrays zurückgehen: Hunger, Leistungsmotivation (n achievement), Gesellungsstreben (n affiliation), Machtstreben (n power), Furcht, Aggression und Sexus.

Zu dieser zweiten Gruppe gehören weiterhin auch Allport, Vernon und Lindzey (1951). Daß deren ›Study of Values‹ in diesem Zusammenhang genannt wird, ist besonders interessant. Sie geht nämlich zurück auf die Lehre Sprangers (1950), derzufolge das Verhalten von Individuen unter dem Aspekt ihrer Orientierung an »Werten« oder »objektiven geistigen Gegebenheiten« gesehen wird. Dies sind für Spranger: das Religiöse, das Ethische, das Theoretische, das Soziale, das Ästhetische, das Ökonomische und das Politische. Auch Werte in diesem Sinne wirken somit als Motive; der Motivbegriff wird umfangreicher.

Die zuletzt angeführten Autoren führen aber schon über rein persönlichkeitspsychologische Erwägungen hinaus: Spranger bietet ein System von Werten, die unserer Kultur zugrunde liegen; McClelland bildet eine Motivationstheorie, die er auch auf Gesellschaften anwendet (1961).

4. Die Kritik des Motivkonzepts

Da der Motivbegriff nicht eindeutig definierbar ist, müssen auch die kritischen Erwägungen an einzelne Bedeutungskomponenten angeschlossen werden.

Wenn über Verhalten wissenschaftliche Aussagen gemacht werden sollen, muß vorausgesetzt werden, daß dieses Verhalten nach erkennbaren Regeln aus ebenfalls erkennbaren Bedingungen oder Ursachen folgt. Nun können Verhaltungsursachen wohl Motive genannt werden, gewonnen ist damit aber nichts, denn der Satz, daß ein Individuum sich in bestimmter Weise verhält, weil es ein Motiv dazu hat, ist trivial. Zwar läßt sich darüber diskutieren, ob das Kausalprinzip in aller Strenge für die Erklärung unserer Welt durchgehalten werden kann (vgl. dazu Heyde, 1962), doch gibt es keinen Grund für die Annahme, daß menschliches Verhalten als Erfahrungsgegenstand in Kausalzusammenhängen stünde, die prinzipiell von denen anderer Erfahrungsdinge verschieden wären. Wenn ein Mensch aus dem Fenster eines Hauses fällt, stürzt er nach denselben Gesetzen zu Boden, nach denen auch ein Stein hinunterfällt, sein Stoffwechsel funktioniert nach den gleichen Prinzipien wie bei allen Organismen, die ihn auszeichnenden Fähigkeiten stehen in der entsprechenden Abhängigkeit vom Zentralnervensystem, die sich auch für Tiere aufweisen läßt, Bedürfnislagen und Handlungsziele stehen im selben Zusammenhang, usw. Die Annahme einer eigenen Form der Kausalität dafür erübrigt sich also.

Diesem Argument wird üblicherweise entgegengehalten, daß in das Verhalten insofern noch eine andere Art der Verursachung eingehe, als es auch vom Ziel oder vom Zweck her bestimmt bzw. sinnerfüllt sei; in der Terminologie der mittelalterlichen Philosophie kommt zum Ausdruck, daß Verhalten, außer von der wirkenden Ursache (causa efficiens) von einem teleologischen Bezug (causa finalis) bestimmt sei, und eben diese causae seien Motive. Nun hatten auch wir als eine der Grundbestimmtheiten des Verhaltens angenommen, daß es gerichtet und zielbezogen sei. Ein Ziel kann aber nur dann verhaltensrelevant werden, wenn es vor der Handlung in irgendeiner Weise im Individuum repräsentiert ist, gleichgültig ob man dies als Prozeß im Zentralnervensystem oder als subjektive Erwartung betrachtet (wobei die Erwartung nicht mit klarem Bewußtsein verbunden zu sein braucht). Dieses für das Individuum gegebene Ziel wirkt aber in der gleichen Weise verhaltensverursachend wie das allgemein in Kausalzusammenhängen der Fall ist. Folglich ist auch dann, wenn die Zielbezogenheit in ein Kalkül über Verhalten einbezogen wird, die Annahme eines besonderen Ursachenbegriffs überflüssig. Um ein konkretes individuelles Verhalten zureichend zu erklären, genügen also Kategorien des ›Zweckes‹ oder des ›Sinnes‹ allein nicht, sondern es müssen die vorausgehenden Bedingungen gefunden werden, aus denen es mit Notwendigkeit folgt.

Wenn man Motive als spezifische Form psychischer Energie betrachtet, gerät man in die gleichen Schwierigkeiten. Es ist selbstverständlich, daß in jedem Verhalten Energie umgesetzt wird; diese Energie ist aber bekannt, sie stammt aus dem Stoffwechsel. Man kann das leicht damit beweisen, daß dann, wenn man einem Organismus die Nahrung entzieht, mit Sicherheit das Aufhören allen Verhaltens voraussagbar ist, weil der Organismus stirbt. Eine andere als diese Energie anzunehmen, wäre nicht nur überflüssig, sondern widerspräche in seinen Konsequenzen fundamentalen Energieprinzipien der Physik [35]. Das Motivkonzept als besondere Form psychischer Energie ist damit irreführend.

Etwas anderes ist freilich die Frage nach der Richtung und der Mobilisierung der vorhandenen Energie. Während zur Erfassung der Verursachung des Verhaltens und seiner Versorgung mit Energie die allgemeinen Annahmen über Kausalität und Energie offensichtlich nicht nur ausreichen, sondern sogar besser

sind als die speziellen psychologischen, stehen anerkannte Begriffe für die Steuerung des Verhaltens nicht in gleicher Weise zur Verfügung. Hier liegt eine Chance für den Motivbegriff, der dann freilich neu definiert werden muß. Welcher der vorliegenden Ansätze (das kybernetische Modell, das Trieb-×Habit-Konzept oder die Wert-×Erwartungstheorie) Verhalten besser zu erklären vermag, läßt sich nur durch Weiterentwicklung einer umfassenden Theorie über Verhalten und ihre gleichzeitige ständige empirische Überprüfung entscheiden.
Nach den bisherigen Forschungsergebnissen und den daran angeschlossenen, hier vorgetragenen Überlegungen wird aber nahegelegt, daß der Motivbegriff wie jedes andere mögliche Konzept zur Erfassung der Verhaltenssteuerung mindestens folgende Momente beinhalten müßte:

a) Motive wirken verhaltenssteuernd nur in enger Wechselwirkung mit der kognitiven Struktur des handelnden Individuums. Beide Merkmale können nicht unabhängig voneinander untersucht werden.

b) Die Verhaltenssteuerung kann nicht als Merkmal von Individuen untersucht, sondern die Bezogenheit des Verhaltens auf die Situation, in der gehandelt wird, muß in das Kalkül einbezogen werden.

c) Im Erklärungsschema der Verhaltenssteuerung muß deren Abhängigkeit von der gesamten individuellen Lerngeschichte mitberücksichtigt werden.

d) Trotz des Ausschlusses finaler Bezüge als eigener Art der Verursachung muß die Zielbezogenheit allen Verhaltens im Konzept seiner Steuerung beibehalten werden. Darin eingeschlossen ist das Prinzip des Erlebens in der Zeit nicht nur insofern, als die persönliche Vergangenheit mitbestimmt, wie eine gegenwärtige Situation erlebt wird und welches Verhalten in ihr erfolgt, sondern daß auch die Erwartung künftiger Ereignisse verhaltenssteuernd wirkt.

e) Nicht zuletzt müßte der Motivbegriff als Konzept der Verhaltenssteuerung das Prinzip der Rückkopplung, also die Kontrolle und Korrektur des Verhaltens an seinem Verlauf und seinem ›Erfolg‹, enthalten.

f) Daß schließlich ein solcher Begriff den in der Einleitung formulierten Forderungen genügen, vor allem die Bildung meßbarer Konstrukte ermöglichen muß, braucht nicht mehr besonders hervorgehoben zu werden.

Ein Konzept, in dem diese Momente faßbar werden, könnte gewiß viel zu einer Theorie der Persönlichkeit beitragen. Ob dies mit dem Motivbegriff trotz seiner historischen Vorbelastung geleistet werden kann, ist derzeit nicht entscheidbar.

5. Zusammenfassung

a) Der Motivbegriff wird in vielerlei Bedeutungen gebraucht und ist deshalb nicht eindeutig definierbar. Seine hauptsächlichsten Bedeutungskomponenten sind: Ursachen des Verhaltens, Versorgung des Verhaltens mit Energie und Mobilisierung der Energie bzw. Steuerung des Verhaltens. Diese Komponenten werden von den einzelnen Autoren in wechselnden Kombinationen zusammengefaßt. Verschiedene Bedeutung erhält der Motivbegriff auch durch den Gebrauch in unterschiedlichen theoretischen Zusammenhängen: als Steuergröße im Regelkreismodell, als intervenierende Variable in der Lernpsychologie und als Vektor in der Feldtheorie. Eine Fassung des Motivbegriffs, die das Verständnis individuellen Verhaltens fördert, erscheint möglich, wird aber durch die Vorbelastung mit zwar gewohnten, aber nicht haltbaren Inhalten erschwert.

b) Persönlichkeitskonzeptionen, bei denen das Motivationsgeschehen im Vordergrund steht, werden üblicherweise dynamisch genannt und von den Strukturmodellen der Persönlichkeit abgesetzt. Der dynamischen Betrachtung liegt die Auffassung zugrunde, daß individuelles Verhalten als Prozeß besser mit der Wirkung von Motiven bzw. mit anderen unter Motiv zusammenfaßbaren Gegebenheiten zu erklären sei, als mit strukturellen Merkmalen. Zur Erklärung individuellen Verhaltens unter dem motivationalen Aspekt werden in der Literatur die unterschiedlichsten Konzeptionen vorgeschlagen: Verschiedene Arten und wechselnde Anzahlen von allgemeinen Trieben, Triebkräften oder Instinkten, die ihrerseits wiederum anlagemäßig gegeben oder erworben sein können; Mängelzustände des Organismus (Hunger, Durst, Schmerz) oder Bedürfnisse verschiedener Art (Sexus, Machtstreben, Geselligkeit); Triebfedern, Strebungen und Interessen, die weniger biologischer als ›geistiger‹ Natur sind und schließlich auch Orientierung an kulturellen Werten als überindividuelle Sinnstrukturen.
Allen diesen dynamischen Modellen der Persönlichkeit ist gemeinsam, daß persönliches Verhalten erfolgt in Übereinstimmung mit der individuell unterschiedlichen Ausstattung mit motivationalen Größen und deren je nach Lebenslauf verschiedenen Entwicklung bzw. Organisation.

c) Auch die Brauchbarkeit des Motivationskonzepts in der Persönlichkeitspsychologie kann nicht einheitlich beurteilt werden. Das historische Hauptverdienst ist die Aufnahme eines dynamischen Aspektes in die Persönlichkeitsforschung. Insofern in diesem Begriff jedoch Annahmen über eine eigene Form psychischer Kausalität oder eine

spezifische Art psychischer Energie impliziert sind, droht er den Fortgang der Erkenntnis über individuelles Verhalten in eine Sackgasse zu führen, denn es gibt keinen hinreichenden Grund dafür, daß menschliches Verhalten prinzipiell anderen Gesetzen unterliegen sollte als sonstige natürliche Prozesse. In diesem Zusammenhang werden Aussagen über Motivation deshalb zu Recht als Phlogiston-Theorien[36] bezeichnet.
Wenn es aber gelingen sollte, den Motivbegriff von dieser traditionellen Vorbelastung freizumachen und dafür eine Reihe anderer inhaltlicher Elemente, die neueren Erforschungsergebnissen entsprechen, aufzunehmen, dann könnte er als Einheit im Bedingungssatz individuellen Verhaltens zu einer Weiterentwicklung der Persönlichkeitstheorie beitragen.

Weiterführende Literatur:

Thomae (Hdb. d. Psychol. II, 1965).

V. Rolle

1. Vorbemerkungen

Wenn eine Meldung in der Zeitung stünde, daß am vergangenen Sonntagnachmittag auf der Hauptstraße einer kleinen Universitätsstadt ein sechzigjähriger Philosophieprofessor von der Polizei festgenommen wurde, weil er fortgesetzt auf einem Moped, von dem der Auspuff abmontiert war, die Straße auf und ab fuhr und durch den Lärm die dort promenierenden überwiegend jugendlichen Passanten belästigte, dann würden die meisten das entweder für einen Scherz halten, oder sie würden geneigt sein, dem Professor die Zurechnungsfähigkeit abzusprechen. Der einzige Grund dafür wäre, daß man ein solches Verhalten von einem Manne dieses Alters und dieser Stellung nicht erwartete.
Tatsächlich läßt sich eine Person durch Angaben über ihre Stellung in der Gesellschaft genauso gut charakterisieren, wie z. B. durch persönliche Eigenschaften: Eine Beschreibung von der Form »45 Jahre alt, Angestellter in der Buchhaltungsabteilung eines mittleren Betriebes, Familienvater mit zwei Kindern, Mitglied des Posaunenchores und Kassier im Schrebergärtner-Verein« gibt etwa soviel Informationen wie die Charakterisierung »durchschnittliche Intelligenz, antriebsschwach, zuverlässig, pflichtbewußt, nicht unmusikalisch, naturverbunden«.

Mit den jeweiligen Stellungen in der Gesellschaft werden bestimmte Verhaltenserwartungen verknüpft, und die Inhaber dieser Stellungen scheinen diesen Erwartungen auch zu entsprechen. Diese Tatsache machten sich die Sozialpsychologie, die Soziologie und auch die Kulturanthropologie für eine spezifische Auffassung von der Persönlichkeit zunutze, dem Rollenkonzept. Diesem Konzept zufolge wird das Verhalten eines Individuums erklärbar aus den verschiedenen Rollen, die ein Individuum in der Gemeinschaft spielt.

2. Die Definition von Rolle

Der Rollenbegriff wurde sehr uneinheitlich gebraucht. In den vorausgehenden 20 Jahren hat sich jedoch nach den Worten von Sarbin (1954) »ein stabiler Bedeutungskern« herausgebildet. Sarbins definitorische Bemühungen sollen im folgenden umrissen werden: Ausgangspunkt der Rollenbetrachtung ist nicht mehr, wie in den bisher behandelten Ansätzen zur Erklärung der Persönlichkeit, das Individuum, sondern die Kultur, die Gesellschaft bzw. die Interaktion ihrer Mitglieder.
Unter Kultur in diesem sozialanthropologischen Sinne läßt sich mit Sarbin (1954, S. 224, im Anschluß an Linton, 1947) verstehen »die Organisation gelernten Verhaltens und die Verhaltensprodukte, die allen gemeinsam gehörend überliefert werden«. Gesellschaft ist entsprechend »eine Aggregation von Personen mit gemeinsamen Zielen«.
Einheiten der Gesellschaft sind Positionen (wechselweise gebraucht mit Status). Die Positionen werden von Individuen eingenommen, die wechselseitig miteinander interagieren. Position wird damit definierbar als Stellung eines Individuums in einer Interaktionsstruktur. Die Interaktionsstruktur einer Gesellschaft kann aber auch als Netz von Positionen unabhängig von konkreten Individuen gedacht werden (Newcomb, 1959).
An jede Position bzw. ihren Inhaber werden nun von den Interaktionspartnern bestimmte Erwartungen gerichtet. Diese Sammlung von Rechten und Pflichten eines Positionsinhabers wird von Sarbin als Position aufgefaßt und definiert als »Satz von Erwartungen oder erworbenen antizipatorischen Reaktionen« (1954, S. 225). Rolle als Einheit der Kultur ist dann die »strukturierte Abfolge gelernter Handlungen, ausgeführt von einer Person in einer Interaktion« (S. 225). Will man aber Rolle als Verhaltensbedingung einführen und nicht konkretes Verhal-

ten damit bezeichnen, und betrachtet man die Erwartungen der Interaktionspartner, denen ein Individuum in seinem Verhalten folgt, als diese Bedingungen, dann ist es konsequenter, Rolle als die Gesamtheit der Erwartungen, die an eine Position gerichtet werden, zu definieren.

Üblicherweise werden die Begriffe Position (oder Status) und Rolle als korrelative Begriffe betrachtet: Position sei der statische oder kognitive Aspekt von Rolle, Rolle der dynamische von Position. Diese Unterscheidung birgt zu viele Unklarheiten in sich, als daß sie hier eingeführt werden sollte. Aber auch in unserem Sinne bleiben beide Termini aufeinander bezogen: Verhaltenserwartungen werden an Positionen gerichtet; Position ist einerseits die Einheit der Gesellschaft, in deren Kultur spezifische Erwartungen ausdifferenziert werden, andererseits die Stellung des Individuums, das diese Erwartungen in seinem Verhalten realisieren soll.

3. Die rollentheoretische Persönlichkeitskonzeption

Im Verlauf des Sozialisationsprozesses (vgl. Wurzbacher, 1963, Scharmann, 1966) wächst ein Individuum in die verschiedensten Positionen hinein und übernimmt damit die entsprechenden Rollen. Es lernt sowohl bestimmte Handlungen von anderen zu erwarten, als auch die Erwartungen anderer an es selbst zu antizipieren. Diesem in wechselseitiger Abhängigkeit stehenden Geflecht von Erwartungen entsprechend erfolgt das konkrete Verhalten. Wo ein Individuum diesen Erwartungen nicht entspricht, wird rollenkonformes Verhalten durch die Gesellschaft mittels Sanktionen erzwungen[37]. Die Determinanten individuellen Verhaltens liegen also diesem Konzept zufolge in der Gesellschaft, deren Mitglied das Individuum ist.

Persönlichkeit kann damit aufgefaßt werden als ›Summe‹ oder Schnittpunkt aller Positionen, die das Individuum in der Gesellschaft einnimmt, oder als System ›internalisierter Rollen‹. Damit wird von konkreten Individuen in der Persönlichkeitsdefinition abstrahiert; für jeden gegebenen Schnittpunkt einer Reihe von Positionen sind die Individuen auswechselbar, der ›homo sociologicus‹ (Dahrendorf, 1958) ist geboren. Gegen diese Auffassung erhob sich viel Kritik[38].

Aber auch, wenn man am Rollenkonzept als heuristischem Prinzip festhält, braucht dieser enge rollentheoretische Persönlichkeitsbegriff nicht beibehalten zu werden. So zeigte z. B. Lohr

(1965) in Anlehnung an feldtheoretische Grundsätze, daß Rollenverhalten (RV) aufgefaßt werden kann als Funktion einer Reihe anderer Größen:

$$RV = f \begin{cases} W, N = f\,(P; Z) \\ P \quad\;\, = f\,(W, N; Z) \\ Z \quad\;\, = f\,(W, N; P) \end{cases}$$

dabei steht W für Werte, N für Normen, P für Person und Z für Ziele. Die Person mit ihren eigenen Merkmalen, die freilich erst definiert werden müssen, geht also in das Rollenverhalten ein und steht in Wechselbeziehungen mit anderen Verhaltensdeterminanten.

In anderem Zusammenhang unterscheidet Wurzbacher vom Prozeß der Sozialisation jene der Enkulturation und Personalisation. Er führt aus (1963, S. 14):

»War Sozialisation Eingliederung des Menschen in die soziale Gruppe, so bedeutet Enkulturation eine gruppen- wie personspezifische Aneignung und Verinnerlichung von Erfahrungen, ›Gütern‹, Maßstäben und Symbolen der Kultur zur Erhaltung, Entfaltung und Sinndeutung der eigenen wie der Gruppenexistenz ... Auf dieser Voraussetzung wird dann Personalisation (individuelle Gestaltung und Entfaltung) als Selbstformung und -steuerung der eigenen Triebstrukturen wie als sinngebende, koordinierende und verantwortlich gestaltende Rückwirkung des Individuums auf die Faktoren Gesellschaft und Kultur möglich.«

Scharmann (1963) wendet diese Begriffstrias ins Psychologische und stellt neben Sozialisation den Begriff der sozialen Prägung, ordnet Enkulturation der Selbstentfaltung zu und ergänzt den Prozeß der Personalisation mit den Aspekten der Persönlichkeitsdynamik.

Die zuletzt zitierten Autoren führen zwar über die spezifischen Probleme der Persönlichkeitstheorie hinaus, aber in ihren Auffassungen der Sozialisation als Prozeß der Rollenübernahme ist ein Persönlichkeitsbegriff impliziert, der weiter ist, als jener, welcher der Auffassung von Person als Summe oder Schnittpunkt von Positionen zugrunde liegt.

Es liegt in der Natur der Sache, daß eine rollenanalytisch akzentuierte Persönlichkeitstheorie sich auf jene Grundsätze beschränken muß, die oben skizziert wurden. Konkretisierungen dieser Theorie des Sozialen sind immer nur für einzelne Rollensysteme möglich. Empirische Beispiele dafür bieten Gross et al. (1958) über den Schul-Superintendenten oder Wurzbacher et al. (1960) über den (evangelischen) Pfarrer.

Es ist ein unbestreitbarer Fortschritt, daß im Rollenkonzept psychologische, soziologische und kulturanthropologische Annahmen zur Erklärung menschlichen Verhaltens zusammenfließen, denn in der Determination des Verhaltens eines Individuums müssen – da es sich als Einheit verhält – die verschiedenen Determinantenreihen als zusammenwirkend angenommen werden. Ein weiterer Vorteil scheint zu sein, daß sich das Rollenkonzept auf Interaktionen zwischen Individuen bezieht, daß damit Verhalten auf relativ komplexer Stufe zu erklären versucht wird und Konstrukte möglich werden, die unmittelbar nicht nur in psychologischen Laboratorien, sondern auch für das alltägliche Leben relevant sind. Solche Möglichkeiten sollten trotz der folgenden Kritik nicht aus den Augen verloren werden.

Diese Kritik kann sich, abweichend vom bisherigen Schema, nicht nur auf den Rollenbegriff selbst beziehen, sondern muß, um die Konsequenzen verständlich zu machen, auch auf einige andere Begriffe eingehen. Zunächst gilt es, die Voraussetzungen, die im Rollenkonzept notwendigerweise angenommen werden müssen, kritisch zu beleuchten:

So wie in früheren Eigenschaftskonzeptionen der Persönlichkeit die Determinanten des Verhaltens allein im Individuum gesucht wurden, verlegt das ursprüngliche Rollenkonzept diese Determinanten ausschließlich in den sozialen Bereich. Beide Standpunkte sind in extremer Ausprägung nicht haltbar. Durch zahlreiche Untersuchungen ist nicht nur belegt, daß beide Determinantenreihen wirken, sondern auch, daß sie in enger Wechselwirkung miteinander stehen. Z. B. ist die Geschwindigkeit der Informationsverarbeitung (vgl. Roth, 1964) eine individuell relativ konstante und vom sozialen Status oder von Verhaltenserwartungen relativ unabhängige Größe[39]. Sie wirkt sich u. a. aus im Verhalten eines Individuums als Kraftfahrer. Andererseits wird das Fahrverhalten gesteuert durch Vorschriften, Normen, Gewohnheiten, die sich in entsprechenden Erwartungen aller Teilnehmer am Straßenverkehr an alle anderen manifestieren. Sie sind die sozialen Einflüsse, die sich auf das Verhalten aller Individuen als Kraftfahrer beziehen. In einer konkreten schwierigen Verkehrssituation hängt es nun auch vom Zusammenspiel beider Einflußgrößen ab, ob das Verhalten eines Individuums zu einem Unfall führt oder nicht.

Als weitere Voraussetzung geht in das ursprüngliche Rollenkonzept die Annahme ein, daß unter allen Mitgliedern der

Gesellschaft ein hohes Maß an Übereinstimmung über die das Verhalten regelnden Normen sowie über den Grad ihrer Verbindlichkeit herrscht. Auch diese Voraussetzung trifft nur mit starken Einschränkungen zu. In einer Gesellschaft lassen sich nicht nur mehrere Subkulturen unterscheiden, in denen verschiedene Normensysteme bestehen, sondern es kann auch gezeigt werden, daß individuell verschieden wirkende Wertesysteme angenommen werden müssen. Bei English und English (1958) findet sich die Formulierung, daß unter Normensystem sowohl verstanden werden kann »der mehr oder weniger zusammenhängende Satz von Werten, der das Verhalten einer Person reguliert, oft ohne daß sie sich dessen bewußt ist« als auch jener »Satz von Werten, der von einer Person oder einer sozialen Gruppe offiziell anerkannt wird« und daß beide oft erhebliche Unterschiede aufweisen. Außerdem kann kein Zweifel daran bestehen, daß soziale Normen sich ändern und dies nicht zuletzt aufgrund des Verhaltens einzelner Individuen.

Um diesen beiden Einwänden (die übrigens nicht für den feldtheoretischen Ansatz zur Erklärung von Rollenverhalten gelten) zu entgehen, wird häufig das Argument gebraucht, daß die Rollentheorie als ›Theorie mittlerer Reichweite‹ im Sinne von Merton (1957) ja nur das stabile bzw. rollenkonforme Verhalten von Individuen erklären solle und daß für ›abweichendes‹ (z. B. kriminelles oder neurotisches) Verhalten andere Theorien gebildet werden müssen. Dabei wird aber neben den Schwierigkeiten der Zuordnung einzelner Verhaltensweisen zu bestimmten Klassen vor allem nicht bedacht, daß die Gültigkeit einer solchen Teil-Theorie abhängt von ihrer Vereinbarkeit mit anderen. Die Gültigkeit einer Theorie wird aber nicht nur begrenzt, sondern die Theorie wird ungültig, wenn sie Voraussetzungen aufnehmen muß, die unvereinbar mit beobachtbaren Phänomenen sind.

Ähnlichen Restriktionen wie die Voraussetzungen dieses Konzepts ist sein begrifflicher Apparat unterworfen. Lohr weist darauf hin, daß in der Stärke des Rollenbegriffes (»die Integration der theoretischen Betrachtungsebene von Psychologie und Soziologie«, 1965, S. 38) zugleich seine Schwäche liegt, weil der »abstraktive Begriff der Rollenvorschriften mit der individuellen Anpassung an solche Vorschriften in der Rollenübernahme« fusioniert und damit konkretes individuelles Verhalten weder zureichend beschreibbar noch erklärbar wird.

Weitere Schwierigkeiten des Rollenkonzepts für die Erklärung individuellen Verhaltens können am besten an den ergänzenden Begriffen aufgezeigt werden. Die Übernahme von Rollen durch

Individuen – so ließe sich ein zentraler Lehrsatz der Rollentheorie formulieren – geschieht durch ›Internalisierung‹ oder ›Introjektion‹ der an die jeweiligen Positionen gekoppelten Forderungen im Verlauf des Sozialisationsprozesses. Sowohl ›Rollenübernahme‹ wie ›Internalisierung‹ als auch ›Sozialisation‹ sind Bezeichnungen für den Erwerb bzw. die Änderung von Verhaltensweisen. Wenn diese Termini nicht nur Namen sind, sondern etwas erklären sollen, dann müssen mit ihnen die Bedingungen formulierbar werden, denen der Prozeß der Entstehung und Änderung spezifischen Verhaltens folgt. Unversehens kommt man damit in die Lerntheorie. Die rollenanalytischen Termini müßten also, wenn sie zu einer Persönlichkeitstheorie in dem hier intendierten Sinn beitragen sollen, lernpsychologisch expliziert werden. Solche Explikationen liegen in der Rollenanalyse aber höchstens in Ansätzen vor.
Die Kritik der in der Rollentheorie implizierten Persönlichkeitsauffassung kann kurz sein und direkt an die obigen Ausführungen anschließen. Der ausschließlich in die soziale Struktur verlegte Bedingungssatz des Verhaltens führt zu einer »übersozialisierten Konzeption des Menschen in der modernen Soziologie« (Wrong, 1959), in welcher das Individuum »ein rein passiver und mechanischer Rezipient der herrschenden stukturalen Forderungen ist« (Levinson, 1966, S. 294) und sich ihnen entsprechend verhält. So wenig sich die Persönlichkeitstheorie ausschließlich an die Bedingungen halten kann, die mit dem Individuum gegeben sind, wenn sie nicht in Widerspruch mit den nachgewiesenen Einflüssen sozialer Determinanten geraten will, so wenig dürfen diese Wirkungen der Gesellschaft auf das Individuum als alleinige oder auch nur als isoliert wirkende vorherrschende Größen im Bedingungssatz individuellen Verhaltens angesehen werden, wenn Persönlichkeit der Inbegriff aller verhaltenswirksamen Bedingungen bleiben soll.

5. Zusammenfassung

a) Der Begriff ›Rolle‹ wird in der sozialpsychologischen und soziologischen Analyse des Verhaltens als Einheit für jenes Verhalten gebraucht, das entsprechend den mit einer bestimmten Position verbundenen Erwartungen über Rechte und Pflichten des Positionsinhabers erfolgt. Der Begriff Position steht für jene Einheiten, in welche eine Gesellschaft strukturiert ist.

b) Insofern ein Individuum entsprechend seinen Gruppenzugehörigkeiten jeweils viele Positionen innehat (z. B. Mann, Erwachsener,

Bürger einer mittleren Industriestadt, Buchhalter, Familienvater, Vereinsmitglied), wird sein Verhalten als eine Funktion der Kombination aller seiner Rollen interpretiert.
Persönlichkeit als der Inbegriff der Eigenart eines Individuums und der Bedingungen seines Verhaltens wird damit zur Summe oder zum Schnittpunkt der Positionen bzw. der mit ihnen verknüpften Verhaltenserwartungen. Entsprechend der traditionellen Rollentheorie sind Individuen in den einzelnen Positionen auswechselbar. Wo das Individuum den Erwartungen nicht folgt, kann rollenkonformes Verhalten durch Sanktionen der Gesellschaft erzwungen werden.

e) Es ist das Verdienst der Rollenanalyse, die Determinanten individuellen Verhaltens aufgezeigt zu haben, die sich aus der sozialen Struktur, in der das Individuum sich befindet, ergeben. Das Rollenkonzept als ausschließliche Erklärung des Verhaltens gerät in Widerspruch mit gesicherten Ergebnissen anderer psychologischer Disziplinen (z. B. der verhaltensdeterminierenden Wirkung von Größen, die mit dem Individuum gegeben sind) und ist deshalb nicht haltbar. Weiterentwicklungen, wie z. B. der feldtheoretische Ansatz, machen dieses Konzept wohl brauchbarer für die Erklärung individuellen Verhaltens; doch gilt der darin formulierte Grundsatz, daß Rollenverhalten eine Funktion der Handlungsziele, der Werte und Normen und schließlich auch der eigenen Person des handelnden Individuums ist, nicht nur für ›Rollenverhalten‹, sondern für Verhalten schlechthin.

Die Verwendung des traditionellen Rollenkonzepts stößt auf Schwierigkeiten, weil die in ihm implizierten Voraussetzungen, (1) daß Merkmale der sozialen Struktur unabhängig von konkreten Individuen Verhalten bestimmen, (2) daß Verhalten von Individuen in gleichen Rollenkombinationen weitgehend konform ablaufe, und (3) daß Konsens über die das Verhalten regelnden Normen herrsche, offensichtlich nicht zutreffen. Weiterhin zeigt sich, daß Prozesse über den Erwerb und die Änderung spezifischer Verhaltensweisen besser in lerntheoretischen als in rollenanalytischen Kategorien faßbar sind. Diese Einschränkungen des Rollenkonzepts beziehen sich nicht nur auf seine Verwendung im Rahmen der Persönlichkeitstheorie.

Weiterführende Literatur:

Biddle und Thomas (1966).

VI. *Das Selbst*

1. Vorbemerkungen

Die eben besprochene Rollentheorie braucht sich nicht auf die Untersuchung der Interaktionen zwischen Personen zu beschränken. In ihrer neueren Entwicklung bezieht sie Wechselwirkungen zwischen Rollen und Merkmalen des Individuums ein, dessen analytische Einheiten mit dem Terminus ›Selbst‹ gefaßt werden können. Dieses Selbst oder auch ›die Selbste‹ sind wohl weniger populär als die bisher besprochenen Versuche, Einheiten der Persönlichkeit begrifflich zu fassen. Der Selbstbegriff ist aber nicht weniger bedeutsam als sie, hat eine ebenso reiche Geschichte und wurde auch in der Praxis mit gleichem Erfolg angewandt[40]. Die Tradition des Selbstbegriffes schließt die Begriffe ›Ich‹, ›Ego‹, ›Proprium‹, ›persönliches Konstrukt‹ u. ä. ein, auf die hier aber nicht näher eingegangen werden kann.

2. Die Definition von Selbst

Großes Gewicht erhielt dieser Begriff als Kennzeichnung für Einheiten der Persönlichkeit schon zu Beginn der modernen Psychologie durch James (1890): Das Selbst, als »die Persönlichkeit von innen gesehen«, ist für ihn auf vier Ebenen hierarchisch gegliedert: das materielle Selbst (Körper, persönlicher Besitz), das soziale Selbst (Gruppenzugehörigkeiten, Rollen usw.; »ein Mensch hat so viele soziale Selbste, als er Gruppen angehört, deren Meinungen für ihn wichtig sind«), das geistige Selbst (Leitbilder, Vereinigungen der in den anderen enthaltenen unterschiedlichen Tendenzen) und schließlich eine vierte Stufe, die als ›I‹ (reines Ich, Subjekt, dasjenige, das weiß) von den anderen, die als ›me‹ (mich, objektiver Aspekt, dasjenige, das gewußt wird) zusammengefaßt werden können, unterscheidbar ist.

Obwohl dieser rein auf Introspektion gegründete Selbstbegriff in der weiteren Entwicklung der Psychologie – außer bei dem großen Persönlichkeitstheoretiker Allport (1963, S. 110 ff.) – kaum mehr gebraucht wurde, erhielten sich doch wesentliche Teile seiner Bedeutung in seiner gegenwärtigen Verwendung, die hauptsächlich von zwei Bereichen ausgeht, nämlich von der Sozialpsychologie einerseits (Sarbin, 1954, S. 238 ff.) und von Nachfolgern psychoanalytischer Schulen andererseits (vgl. Rogers, 1959). Sarbin bezieht sich mit dem Begriff ›Selbst‹ auf »die phänomenale Erfahrung der Identität, die hergeleitet wird aus den Erfahrungen einer Person mit Dingen, Körperteilen und anderen Personen«. Das Selbst, das in Wechselwirkung mit Rollen Verhalten bedingt, erwächst seinerseits also aus der Interaktion des Individuums mit der Welt, in der es lebt; es ist also Produkt eines Lernprozesses.

Rogers (1965, S. 474) definiert das Selbst »als eine Gestalt, die dem Bewußtsein zugänglich ist«. Obwohl Rogers diese Definition hauptsächlich in Entgegensetzung zu den Freudschen Annahmen über die Determination des Verhaltens durch das Unbewußte einführt und sie in den Zusammenhang seiner eigenen therapeutischen Technik stellt, ist dennoch mit dem Bezug auf das Bewußtsein das schwierige Problem des Selbstbewußtseins aufgeworfen. Dieses Problem kann freilich in unserem Zusammenhang nicht diskutiert werden; insofern aber die prinzipielle Möglichkeit des Bewußtseins vom eigenen Selbst angesprochen ist, bezieht sich der Selbstbegriff auf ein konstituierendes Merkmal des Menschseins, dessen Definition Allport daher auch der Philosophie überlassen möchte (1963, S. 137). Er selbst versucht deshalb keine Definition, sondern hebt aus dem Phänomen ›Selbst‹ mehrere Aspekte heraus, die zusammenfassend am besten an einem von ihm selbst formulierten Beispiel aufgezeigt werden können:

»Angenommen, man steht vor einer schwierigen und kritischen Prüfung. Kein Zweifel, daß man sich der hohen Pulsfrequenz und der Schmetterlinge im eigenen Magen bewußt ist (körperliches Selbst); ebenso der Bedeutung des Examens im Hinblick auf die eigene Vergangenheit und die eigene Zukunft (Selbstidentität); über das stolze Engagement (Selbstschätzung); darüber, was Erfolg oder Versagen für die eigene Familie bedeuten (Selbstausweitung), der eigenen Hoffnungen und Wünsche (Selbstbild); der Rolle des Lösens von Problemen in der Prüfung (rational handelndes Selbst) und der Relevanz der gesamten Situation für die langfristigen Ziele (eigenes Streben). Im aktuellen Leben ist eine Fusion dieser Zustände die Regel. Und hinter diesen erfahrenen Zuständen der Selbstheit kann man sich selbst indirekt als das Subjekt (›knower‹) vermuten.«

Da alle diese Definitionsversuche sich auf phänomenale Kategorien beziehen, die sich weitgehend exakter Messung entziehen, geht man zunehmend auf einfachere Definitionen zurück, wie

z. B. Krech, Crutchfield und Ballachey (1962, S. 102), die ›Selbst‹ definieren als »das Individuum, wie es sich selbst sieht«. Damit werden nicht nur Beschreibungen möglich, sondern in Form von Einstellungsskalen, deren Gegenstand das eigene Selbst ist, auch Messungen. In diesem Zusammenhang wird der wissenschaftliche Terminus ›Selbst‹ zu einem Begriff der Selbstwahrnehmung, der Selbstvorstellungen und der Selbstschätzung, die jedes Individuum von sich hat.

Weitere Analysen des Selbstbegriffes beziehen sich auf die Entstehung des Phänomens ›Selbst‹ oder ähnlicher Konstrukte, wie z. B. Harvey, Hunt und Schroder (1961), auf die aber in unserem Zusammenhang nicht eingegangen werden kann. Sie sind hauptsächlich auch entwicklungspsychologisch und – im speziellen Fall von Harvey, Hunt und Schroder – psychopathologisch relevant.

3. Die mit der Selbsttheorie verbundene Persönlichkeitsauffassung

Das Phänomen Selbst, gleichgültig wie es begrifflich gefaßt wird, trägt offensichtlich wesentlich zur Determination individuellen Verhaltens bei. Deswegen konnte es nicht ausbleiben, daß es eng mit dem Persönlichkeitsbegriff verbunden wurde. Wie das allerdings im einzelnen erfolgt, hängt von der Art des verwendeten Selbstbegriffes ab.

Allport (1963, S. 111) begründet die Notwendigkeit, diesen Begriff in die Persönlichkeitstheorie einzuführen, mit folgenden drei Argumenten: (1) das eine und einzig sichere Kriterium unserer personalen Existenz liegt im Empfinden (sense) unseres Selbst; (2) die Theorien des Lernens, der Motivation und der Entwicklung können nicht vollständig oder richtig sein ohne zu berücksichtigen, was für die Persönlichkeit ›relevant‹ ist und was nicht; (3) obgleich die Psychologie nicht hoffen kann, letzte philosophische Probleme zu lösen, muß sie doch eine sorgfältige Zusammenstellung der Tatsachen über das sich entwickelnde Selbstgefühl (sense) beitragen.

Im einzelnen wird das Selbst aber in sehr verschiedenen Weisen in die Vorstellungen vom Persönlichkeitsaufbau eingefügt oder unter verschiedenen Aspekten mit Persönlichkeit gleichgesetzt. Auf die in der Explikation weit auseinanderlaufenden einzelnen Selbsttheorien der Persönlichkeit kann in unserem kurzen Überblick nicht näher eingegangen werden. Eine übersichtliche Zusammenfassung aber, in welche die meisten Annahmen über das Selbst einordenbar sind, kann im Anschluß an ein ›System persönlicher Konstrukte‹ bei Vernon (1964, S. 118) dargestellt werden.

Das Selbstkonzept (eingeschlossen Antriebe und Ideale)	1. Soziale Selbste 2. bewußtes, persönliches Selbst 3. einsichtiges Selbst 4. verdrängtes oder Tiefenselbst	Konzepte vom Nicht-Selbst (Vorstellungen von und Einstellungen zu anderen Menschen und der Umwelt)	1. öffentliche 2. persönliche (private) 3. einsichtige 4. Tiefen- (nicht der Einsicht zugängliche) Konzepte vom Nicht-Selbst

Das erschlossene oder effektive Selbst (Hilgard, 1949)

Das System persönlicher Konzepte oder das phänomenale Feld

Abb. 12: Das System persönlicher Konzepte oder das phänomenale Feld

Dieses Schema ist wie folgt zu verstehen:
Die sozialen Selbste bedingen die – je nach sozialem Bezugsrahmen verschiedenen – Verhaltensweisen sozialen Partnern gegenüber. Sie interagieren mit den Rollen, die ein Individuum in der Gesellschaft spielt. Auf dieser Stufe reagieren Individuen vermutlich auch auf Persönlichkeitsfragebogen und Einstellungsskalen.
Das persönliche oder private Selbst entspricht dem Bild, das man unter normalen Umständen von sich selbst, seinen eigenen Bedürfnissen, Wünschen und Zielen hat. Dieses Bild offenbart man aber höchstens engen Freunden. Viele Autoren glauben, daß die Persönlichkeit auf dieser Stufe durch projektive Testverfahren zugänglich ist.
Das noch einsichtige Selbst bezieht sich auf jene Eigenarten eines Individuums, deren es sich normalerweise nicht bewußt ist, die aber auch seine Identität ausmachen und sein Verhalten bedingen und die unter besonderen Umständen, wie z. B. durch psychologisch geleitete Reflexion in einer Beratung im Sinne von Rogers (1951) ohne Verwendung psychoanalytischer Techniken bewußt gemacht werden können. Schließlich ist noch das ›Tiefenselbst‹ zu nennen, unter welchem jene Bedingungen des Verhaltens verstanden werden können, die bestenfalls über eine Analyse im Sinne von Freud oder Jung zugänglich sind.

Entsprechend sind die Konzepte zu verstehen, die ein Individuum von seinen sozialen Partnern und seiner Umwelt hat. Auch sie gehen in den Bedingungssatz seines Verhaltens ein.

Auf jeder der einzelnen Stufen ist eine eigene Persönlichkeitstheorie möglich. Obgleich dazu interessante Ansätze vorliegen, braucht auf sie nicht eingegangen zu werden; denn wenn alle anderen Selbste ebenfalls Verhalten bedingen, muß jedes einzelne Konzept für die Erfassung der Gesamtpersönlichkeit notwendigerweise unzureichend sein.

Die Gesamtheit der einzelnen begrifflichen Stufen des Selbst wird von Hilgard (1949) als vereinheitlichendes Konzept der Motivation gebraucht, der individuelles Verhalten folgt. Als ›persönliche Konstrukte‹ werden die Annahmen von sich selbst und der Umwelt von Kelly (1955) bezeichnet und als Verhaltensbedingungen interpretiert. Auch Snygg und Combs (1949) fassen die individuellen Konzepte vom Selbst und vom Nicht-Selbst zu einem »phänomenalen Feld« zusammen. Ausschließlich von diesem individuellen Feld, in welches das phänomenale Selbst eingeht und die Umwelt, wie das Individuum sie erlebt, ist nach diesen Autoren alles Verhalten abhängig: es erfolgt in Hinsicht auf Freiheit von Spannung bzw. Richtung auf Konsistenz des Feldes[41].

Vernon seinerseits kritisiert die Gleichsetzung des Systems persönlicher Konzepte mit Persönlichkeit; darauf wird jedoch in einem späteren Zusammenhang noch eingegangen werden (vgl. S. 134).

4. Kritik des Selbstkonzeptes und der Persönlichkeitsauffassungen in den Selbsttheorien

a) Das Problem der Operationalisierung

Mit dem allgemeinen Begriff des Selbst werden Phänomene faßbar, die anderen Konstrukten empirischer Persönlichkeitsforschung nicht zugänglich sind, die aber dennoch als Bedingungen in Erleben und Verhalten eingehen. Sie können, wie folgt, zusammengefaßt werden: (1) Die subjektive Gewißheit der persönlichen Identität, die allem Wandel der Entwicklung, den wechselnden Bedürfnislagen, den im ständigen Fluß befindlichen sozialen und situativen Bezügen des Verhaltens, kurz, die der ›Persönlichkeit als Prozeß‹ zugrunde liegt. (2) Die trotz aller für die Entfaltung einer Theorie erforderliche Ausdifferenzierung von Einzelbegriffen im umfassenden Selbstkonzept erhaltene Einheit des Individuums als Subjekt des Erlebens und Verhaltens. Darin eingeschlossen ist die Tatsache der inter- wie auch intraindividuell unterschiedlichen Bedeutung gleicher objektiver Gegebenheiten und damit deren verschiedene verhaltensdeterminierende Wirkung. (3) Das unbezweifelbare Faktum, daß Erleben und Verhalten nicht ablaufen, wie etwa eine chemische Reaktion, sondern daß sie immer von Bewußtsein mehr oder minder großer Klarheit begleitet werden. Auch dieser Bezug auf die eigene Person, das eigene Tun und Empfinden, diese dem Prinzip nach immer gegebene Reflexivität geht in den Bedingungssatz des Erlebens und Verhaltens ein.

Dieser allgemeine Begriff des Selbst bietet aber eine grundsätzliche Schwierigkeit. Wie aus allen Begriffen von hohem Allgemeinheitsgrad müßten aus ihm Konstrukte ableitbar sein, die der exakten empirischen Erfassung von Verhalten und seinen Bedingungen zugrunde gelegt werden können. Versucht man dies in einzelnen Aspekten wie ›körperliches Selbst‹, ›soziale Selbste‹ oder ›geistiges Selbst‹, dann gibt man wohl die im allgemeinen Selbstbegriff implizierte Einheit auf, hat aber bisher noch kein Konstrukt gewonnen, das empirische Operationen ermöglichen würde. Eine Erfahrungswissenschaft wie die Persönlichkeitspsychologie bedarf aber zur Prüfung ihrer Hypothesen und zur Theorienbildung der Beobachtung, des Experiments und der Messung. Begriffe, die das nicht zulassen, können deswegen für eine solche Wissenschaft nicht relevant sein. Der Selbstbegriff muß also noch operationalisierbar gemacht werden.

b) Durch die Operationalisierung entstehende Probleme

Um Messungen möglich zu machen, wurde der allgemeine Selbstbegriff aufgegliedert in einzelne Komponenten wie phänomenale Selbstwahrnehmung, begriffliche Selbsterfassung, wertende Selbsteinschätzung und angestrebtes Wunschbild von sich selbst. Damit tauchen aber neue Schwierigkeiten auf. Einmal nämlich sind keine genauen Aussagen darüber möglich, in welcher Beziehung diese Konstrukte zu dem allgemeinen Selbstbegriff stehen; z. B. ist nicht beweisbar, ob diese Variablen alle oder auch nur relevante Teile dessen sind, was unter dem Selbstbegriff in seiner allgemeinen Form gefaßt werden soll. Zum anderen sind empirische Daten aus diesen Bereichen nur über die Selbstbeobachtung der Versuchspersonen ableitbar, und die in der Einleitung angeführten Bedenken dieser Methode gegenüber gelten natürlich nicht nur dann, wenn ein psychologischer Forscher sie an sich selbst anwendet. So sicher es nun ist, daß das, was ein Individuum denkt, empfindet, anstrebt usw., als Bedingung in sein

Verhalten eingeht, so fraglich ist es auch, ob alle relevanten Verhaltensbedingungen aus den Berichten der Versuchspersonen über sich selbst erschlossen werden können. Auch wenn gelten soll, daß objektive Gegebenheiten der Umwelt nur insoweit verhaltensrelevant werden, als sie subjektiv für ein gegebenes Individuum bedeutsam sind, müßte doch eine methodische Möglichkeit geschaffen werden, diese subjektiven Größen als solche objektiv zu erfassen.

c) Schwierigkeiten der Persönlichkeitsauffassung als phänomenales Feld

Mit dem Vorteil, feldtheoretische Grundsätze auf den Bedingungssatz individuellen Verhaltens anwenden zu können, muß die Gleichsetzung ›Persönlichkeit = phänomenales Feld‹ (oder ähnliche Konstruktionen) bestimmte Schwierigkeiten in Kauf nehmen. Wenn nämlich jedes individuelle Verhalten zurückgeführt wird auf ein individuelles Feld, ist so lange nichts damit gewonnen, wie unter Feld einfach die Gesamtheit der in einem Individuum ablaufenden Prozesse verstanden wird. Diese Prozesse müssen ja nicht nur beschrieben, sondern sie müssen ihrerseits erklärt, also auf Bedingungen zurückgeführt werden. Zur Erfassung sowohl der Prozesse als auch ihrer Bedingungen sind aber nun wiederum Begriffe ihrer analytischen Einheiten nötig. Für den speziellen Fall des phänomenalen Feldes fürchtet Vernon (1964, S. 111):

»Wenn es Snygg und Combs gelungen wäre, alle Komponenten oder unterschiedenen Teile des phänomenalen Selbst zu spezifieren, dann erscheint es unwahrscheinlich, daß sie es hätten vermeiden können, all jene multiplen Motive, Triebe, Attitüden, unbewußte Mechanismen und andere intervenierende Variablen wieder einzuführen, die sie zu verbannen versucht hatten.«

So interessante Möglichkeiten sich also aus dem Begriff des Selbst, seinen Differenzierungen und dem aus ihm abgeleiteten Persönlichkeitskonzept ergeben, so große begriffliche, methodische und theoretische Schwierigkeiten sind mit ihm verbunden.

5. Zusammenfassung

a) Der Selbstbegriff wurde weniger in seiner philosophischen Bedeutung als in seiner Bedeutung als Bedingung individuellen Verhaltens abgehandelt. Auch in diesem auf Erfahrung bezogenen Gebrauch werden ihm sehr verschiedene Inhalte beigemessen. Allgemein bezieht er sich auf das dem kontinuierlichen Strom des Bewußtseins und Handelns eines Individuums zugrunde liegende Identische, das sowohl als

Subjekt der Welt von Objekten gegenübersteht als auch Stellung zu sich selber beziehen kann.
Dieses komplexe Phänomen Selbst läßt sich mit Allport in folgenden einzelnen Aspekten fassen, deren Reihenfolge auch gleichzeitig seine Entwicklung charakterisieren: Körperliches Selbst, Selbstidentität, Selbstschätzung, Selbstausweitung, Selbstbild, rational handelndes Selbst (dem Freudschen ›Ich‹ entsprechend), das strebende Selbst und schließlich das reflexive Selbst oder das Subjekt.
Die Schwierigkeiten der Bestimmung inter- und intraindividueller Unterscheidungen anhand solcher komplexen Konstrukte führte zu Definitionen des Selbst als »Individuum, wie es sich sieht«. Damit werden Messungen mit Hilfe von Einstellungsskalen oder ähnlichen Techniken[42] möglich. Sie erfolgen in Kategorien der Selbstwahrnehmung, der begrifflichen Selbsterfassung (Konzeptualisierung), der Selbsteinschätzung oder der Einschätzung des Selbstideals.

b) Im Rahmen der Persönlichkeitsauffassung wird dem Selbst ebenfalls sehr verschiedene Bedeutung zugeschrieben. Entweder das Selbst wird als eine Größe neben anderen in ein strukturelles Persönlichkeitsmodell einbezogen (z. B. C. G. Jung), als Zentrum der Persönlichkeit betrachtet, um das herum sich individuelle Bedürfnisse und Ziele organisieren (z. B. Krech, Crutchfield und Ballachey), oder es wird als vereinheitlichender Begriff des Motivationsgeschehens unter dynamischen Aspekten der Persönlichkeitslehre interpretiert (z. B. Hilgard). Schließlich wird es auch als konstituierendes Merkmal des Menschseins schlechthin betrachtet und weder als genau abgrenzbar noch als weiter erklärbar hingenommen (z. B. Allport).
Die konsequentesten Selbsttheorien fassen Persönlichkeit als System unterscheidbarer Aspekte oder Stufen des Selbst bzw. verschiedener Selbste. In ihren neueren Entwicklungen wird das individuelle Selbstkonzept kombiniert entweder mit einem System von Rollen (z. B. Sarbin) oder mit einem System von Vorstellungen und Einstellungen zu sozialen Partnern und der Umwelt zu einem übergreifenden System, das als Feld, phänomenales Feld oder System persönlicher Konstrukte allem individuellen Verhalten zugrunde liegt.

c) Hauptvorteil des Selbstbegriffs in der Persönlichkeitspsychologie ist die Tatsache, daß mit ihm eine Reihe von Phänomenen in den Blick gerückt werden, die bei der Fassung der Persönlichkeit mittels anderer analytischer Einheiten außer Ansatz bleibt (Identität des Individuums trotz ständiger Entwicklung und ständig wechselnder sozialer und situativer Bezüge, Einheit des erlebenden und handelnden Individuums, prinzipielle Reflexivität allen Erlebens und Verhaltens).
Seine Hauptnachteile sind damit gegeben, daß die Explikation des Selbstbegriffs bisher nicht zu Konstrukten führt, die empirischem Vorgehen zugrunde gelegt werden könnten bzw. daß dann, wenn Ableitungen gebildet werden, die Experimente und Messungen ermög-

lichen, der Selbstbegriff eine Einschränkung erfährt und damit dem zu erfassenden Phänomen nur noch in Teilen gerecht wird.
Weiterhin ist die empirische Erforschung der Persönlichkeit als dem Inbegriff der Bedingungen individuellen Verhaltens mit der Übernahme dieses Konzepts auf Daten angewiesen, die überwiegend der Selbstbeobachtung entstammen, womit alle Nachteile dieser Methode in Kauf genommen werden müssen.
Schließlich ist die Zurückführung individuellen Verhaltens auf ein phänomenales Feld so lange ohne erklärenden Wert, als darunter einfach alle zu einem bestimmten Zeitpunkt in einem gegebenen Individuum ablaufenden Prozesse verstanden und weder zureichende Methoden noch adäquate Begriffe ihrer Erfassung angegeben werden.

Weiterführende Literatur:

Vernon (1964); Wylie (1961).

VII. Gemeinsamkeiten der persönlichkeitspsychologischen Grundbegriffe

In der bisherigen Besprechung der analytischen Einheiten, mit denen Persönlichkeit begrifflich zu fassen versucht wird, dominierte die Kritik. Kritik wird gelegentlich mit dem Beiwort ›negativ‹ belegt und als üble Begleiterscheinung wissenschaftlichen Tuns betrachtet, dem sich vor allem solche Autoren hingeben, die zum Ausbau einer Wissenschaft sonst nichts beitragen können. Diese Ansicht ist gewiß falsch, denn Kritik, und zwar ständige und radikale Kritik auch an Selbstverständlichkeiten, ist eine der unerläßlichen Voraussetzungen allen wissenschaftlichen Fortschritts.
Dennoch darf nicht übersehen werden, daß alle besprochenen Grundbegriffe (Eigenschaft, Habit, Faktor, Motiv, Rolle und Selbst) nicht nur vorwissenschaftlichen Überzeugungen entsprechen oder in der Übereinstimmung der Mitglieder einzelner psychologischer Schulen begründet sind, sondern daß jeder von ihnen durch eine nicht übersehbare Reihe empirischer Befunde belegt ist. Nicht um auch einen ›positiven‹ Beitrag zu leisten, sondern um vorläufig solche Annahmen beizubehalten, die rigorosen Falsifikationsversuchen standgehalten haben, und um sie für den Fortgang der Erkenntnis fruchtbar zu machen, soll ihr bislang unwiderlegter Erklärungswert für individuelles Verhalten in der folgenden vergleichenden Analyse der einzelnen Grundbegriffe herausgearbeitet werden.

1. Klassen empirisch gesicherter Determinanten individuellen Verhaltens

Aus den vielen empirischen Untersuchungen, die mit den vorausgehend besprochenen persönlichkeitspsychologischen Grundbegriffen durchgeführt worden sind, scheint – trotz aller Unvereinbarkeit der Ergebnisse im einzelnen – folgendes eindeutig hervorzugehen: Das Verhalten von Individuen ist abhängig (a) von Merkmalen, die das Individuum kennzeichnen, (b) von Einflüssen, die aus dem Bereich des Sozialen (im weitesten Sinne des Wortes) stammen, c) von Rückwirkungen des eigenen Verhaltens auf das erlebende und handelnde Individuum und schließlich (d) von Wechselbeziehungen dieser Einflußgrößen untereinander[43]. Diese Gesichtspunkte seien im folgenden kurz besprochen.

a) Merkmale von Individuen

Eine praktisch nicht mehr überschaubare Reihe der verschiedensten experimentellen Ergebnisse läßt keinen begründeten Zweifel mehr daran zu, daß ein Zusammenhang besteht zwischen individuell verschiedenen Verhaltensweisen und einzelnen Merkmalen, die an den Individuen festgestellt werden können. Dabei ist vorerst unentscheidbar, um welche Art von Merkmalen es sich handelt, wie sie begrifflich und methodisch erfaßbar sind.

Deshalb ist es zunächst gleichgültig, ob sich diese Merkmale im Rahmen gegebener theoretischer Ansätze auf die Struktur oder auf die Dynamik der Persönlichkeit beziehen (eine Unterscheidung, auf die wir noch zurückkommen; vgl. S. 115 f.). Zum Beispiel läßt sich von den verschiedensten Ausgangspunkten her in relativ hoher Übereinstimmung immer wieder feststellen, daß individuell unterschiedlicher Erfolg in der Schule oder beim Studium sowohl zusammenhängt mit individuell verschiedenen Intelligenzmeßwerten als auch mit entsprechenden Maßen für die Leistungsmotivation.

Für die Konstatierung des Zusammenhanges ist es auch unerheblich, ob die untersuchten Merkmale den Individuen angeboren sind oder von ihnen erworben werden (auch darauf wird noch näher eingegangen; vgl. S. 111). So ist es in zweiter Linie wichtig zu wissen, ob z. B. eine Tendenz zu aggressivem Verhalten einer angeborenen Disposition folgt, ob sie eine Folge spezifischer frühkindlicher Erfahrungen darstellt oder ob sie sich aus der jeweiligen Situation ergibt, wenn diese Tendenz

nur begrifflich eindeutig und methodisch zureichend erfaßbar ist.
Schließlich ist es auch nicht primär von Belang, ob die an Individuen feststellbaren Merkmale begrifflich als Eigenschaften, Habits, Faktoren usw. gefaßt werden. Für einige persönlichkeitspsychologisch relevante Merkmale läßt sich sogar zeigen, daß sie sich sowohl von heterogenen theoretischen Ansätzen aus als auch mit sehr verschiedenen Methoden übereinstimmend erweisen lassen. Das Merkmalspaar Introversion-Extraversion z. B., das Jung (1960) aufgrund tiefenpsychologischer Reflexionen postulierte, fand sich zwar nicht dem Wort, aber doch der Sache nach neben anderen als durchgängige Eigenschaft bei den bekannten Kretschmerschen Typen [44], und es ergab sich faktorenanalytisch bei Autoren mit so verschiedenen Ausgangspunkten wie Eysenck (1961) oder Cattell (1957). Schwierigkeiten im Zusammenhang mit diesen individuellen Merkmalen entstehen bei ihrer näheren begrifflichen Präzisierung, für ihre methodische Erfassung und hinsichtlich der Bestimmung ihres Ortes und ihrer Funktion im Bedingungsgefüge des Verhaltens. Ungeklärt bleibt weiterhin die Frage, ob diese Merkmale universell oder singulär sind, ob sie generellen oder spezifischen Charakter haben und ob sie konsistent oder situationsabhängig wirken (vgl. S. 44). Diese Fragen müssen aber für eine systematische Berücksichtigung der Wirkung individueller Merkmale auf das Verhalten geklärt werden.
Dagegen scheint kein Zweifel mehr möglich zu sein, daß – zumindest auf dem bisher erreichten Abstraktionsniveau – individuelle Merkmale nicht unabhängig voneinander wirken, sondern daß sie in allseitiger Wechselwirkung Verhalten bedingen. Diese Tatsache wird jedoch von vielen persönlichkeitspsychologischen Ansätzen nicht berücksichtigt; besonders eklatant zeigt sich das in allen faktorenanalytischen Persönlichkeitsmodellen. So gesichert der Einfluß bestimmter individueller Merkmale auch scheint, so fest steht doch auch, daß mit ihnen allein Verhalten nicht zureichend erklärt werden kann. Wenn also die Persönlichkeitspsychologie die Gesamtheit der Bedingungen individuellen Verhaltens erfassen will, muß sie in ihrer Theorie weitere Einflüsse berücksichtigen.

b) Soziale Einflüsse auf individuelles Verhalten

Ebenso wie für individuelle Merkmale kann der Einfluß sozialer Gegebenheiten auf das Verhalten durch eine Vielzahl empirischer Arbeiten als gesichert gelten. Auch dieser Einfluß wurde in der mannigfaltigsten Art untersucht und in sehr unterschiedlicher Weise begrifflich gefaßt. Über die Brauchbarkeit der Einzelansätze muß für die allgemeine Konstatierung des sozialen Einflusses auf individuelles Verhalten nichts entschieden werden.

Die früher üblichen summarischen Milieutheorien sind differenzierter geworden; im großen und ganzen werden derzeit folgende einschlägigen Themen behandelt:

(1) Die Wirkung von sozialen Normen und kulturellen Werten auf das Verhalten. Sie wird z. B. in der rollentheoretischen Auffassung der Persönlichkeit berücksichtigt (vgl. S. 81 f.). Darüber hinaus reicht aber die Analyse der verhaltensdeterminierenden Wirkung von Normen und Werten (die nicht klar voneinander unterscheidbar sind) von der inoffiziellen Leistungsnorm kleiner Arbeitsgruppen über die in einer Gesellschaft vorherrschenden Sitten und Gebräuche bis hin zu kodifizierten Gesetzen, Ideologien oder religiösen Geboten.

(2) Die Abhängigkeit des Verhaltens eines Individuums von seiner Stellung in der Gesellschaft, z. B. in bezug auf seine Zugehörigkeit in bestimmte soziale Schichten (vgl. Bolte, 1966) als auch in bezug auf seine Zugehörigkeit zu bestimmten sozialen Gruppen (vgl. Hofstätter, 1957) sowie schließlich in bezug auf familiäre Einflüsse (vgl. Toman, 1965).

(3) In den Bereich sozialer Einflüsse einzuordnen ist schließlich auch noch die Auswirkung von Vor- oder Leitbildern im individuellen Verhalten, die traditionellerweise vor allem in der Entwicklungspsychologie, aber auch in der Werbepsychologie abgehandelt wird (vgl. Bergler, 1962).

Vorstehende Themenkreise überlappen sich weitgehend, entsprechend ihrem allseitigen Zusammenhang. Im einzelnen sind die erzielten Ergebnisse jedoch – wie bei den individuellen Merkmalen – auch im sozialen Bereich nicht immer miteinander vereinbar. Zum Beispiel wird die soziale Determination einerseits so gesehen, daß soziale Einflüsse direkt auf das Verhalten einwirken, wie in den ursprünglichen Rollentheorien, die ein soziales Kraftfeld zugrunde legen, in welchem die Individuen auswechselbar sind; anderseits wird der soziale Einfluß so interpretiert, daß er individuelle Merkmale prägt, also als Bedingung nicht direkt hinter dem Verhalten, sondern hinter der individuellen Eigenart steht, von der dann das Verhalten abhängig ist. Vor allem bleibt auch hier die wechselseitige Abhängigkeit der dem Sozialbereich zugeordneten Verhaltensdeterminanten häufig außer Ansatz. Trotz dieser Schwierigkeiten kann aber an der Tatsache sozialer Wirkungen nicht mehr gezweifelt werden.

Natürlich ist mit sozialen Determinanten allein Verhalten nicht in dem Maße erklärbar, wie es die ›Sozialdeterministen‹ wahrhaben wollten und wie es noch in früheren Rollenkonzeptionen der Persönlichkeit angenommen wurde. Soziale Einflüsse dürfen aber in der Erklärung individuellen Verhaltens auch nicht vernachlässigt werden, wie es bei solchen Persönlichkeitstheoretikern geschieht, die sich hauptsächlich auf individuelle Merkmale stützen.

c) Die Rückwirkung des Verhaltens auf seinen Ablauf

Das aus Technik, Biologie und Psychologie bekannte Prinzip der ›Rückkopplung‹ besagt in seiner allgemeinen Form, daß der Ablauf eines Prozesses auch gesteuert wird durch die Rückmeldung seines Ergebnisses. Ein Beispiel aus der Technik ist der Fliehkraftregler einer Dampfmaschine, der bei Erhöhung der Drehzahl über ein gewünschtes Maß hinaus durch Betätigung geeigneter Schaltungen die Wärmezufuhr vermindert und dadurch die Drehzahl wieder senkt und entsprechend umgekehrt; in ähnlicher Weise geschieht physiologisch die Konstanterhaltung etwa des Blutdruckes oder der Körpertemperatur; und – wie die Biologie lehrt – funktioniert der Ablauf einer komplexen Instinkthandlung, wie z. B. das Paarungsverhalten bestimmter Tierarten, nur dann, wenn durch entsprechende Reaktionen des Partners die erfolgte Wirkung des vorausgehenden Verhaltens signalisiert wird.

Diese Rückwirkungen lassen sich im gesamten Bereich des Erlebens und Verhaltens auch dort nachweisen, wo nicht explizite Rückkopplungsmodelle zugrunde gelegt werden. Auch ihre begriffliche Fassung geschieht in der unterschiedlichsten Weise. Sieht man davon ab, daß für Verhalten so grundlegende Prozesse wie Wahrnehmen, Lernen oder Willkürmotorik nicht ohne das Rückkopplungsprinzip denkbar wären (z. B. wäre es unmöglich, auch nur einen Meter aufrecht geradeauszugehen, wenn nicht ständige Rückmeldungen über die augenblickliche Körperlage den Ablauf der Motorik regulieren würden), werden Rückmeldungen des Verhaltens für die Persönlichkeitspsychologie zumindest in folgender Hinsicht relevant:

(1) Alle Gleichgewichtstheorien, sei es für einzelne Persönlichkeitsbereiche (vgl. Irle, 1967), sei es für die Gesamtpersönlichkeit (vgl. Snygg und Combs, 1949), setzen die Wirkung von Rückmeldungen in irgendeiner Form voraus.

(2) Die soziale Kontrolle oder auch nur die Antizipation positiver oder negativer Sanktionen durch die Interaktionspartner, die im Rahmen des Rollenkonzepts der Persönlichkeit große Bedeutung haben, kann ebenfalls als Rückwirkung verstanden werden.

(3) Auch die Stellungnahme zur eigenen Person, die den Selbsttheorien der Persönlichkeit zugrunde liegt, funktioniert im gleichen Sinne.

(4) Schließlich müssen in allen lernpsychologischen Auffassungen der Persönlichkeit als Habit-System, wie für den Lernprozeß allgemein, Rückwirkungen vorausgesetzt werden.

All diese heterogen erscheinenden Forschungsansätze implizieren Rückwirkungen des Verhaltens auf das handelnde Individuum. Mögen die Einzelergebnisse der entsprechenden Richtungen auch noch so weit auseinanderliegen; insofern sie empirischen Prüfungen standgehalten haben, sprechen sie für die Notwendigkeit, Rückwirkungen im Bedingungssatz individuellen Verhaltens zu berücksichtigen. Schwierigkeiten, die auch in diesem Bereich durch Nichtvereinbarkeit oder gar Widersprüchlichkeit einzelner Befunde auftreten, können nur im Fortgang der Forschung im Rahmen einer übergreifenden Theorie gelöst werden.

d) Wechselwirkungen zwischen den Verhaltensbedingungen

So wie keine der besprochenen Bedingungsklassen für sich ausreicht, individuelles Verhalten zu erklären, so genügt es auch nicht, sie nur summativ nebeneinanderzustellen. Wie innerhalb der besprochenen Klassen die einzelnen Einheiten in allseitiger Wechselwirkung verhaltensrelevant werden, müssen auch für die Gesamtheit der Bedingungen Interdependenzen angenommen werden, wenn man den Phänomenen gerecht werden will. Auch dafür finden sich nicht wenige empirische Belege.

Am bekanntesten sind die Zusammenhänge zwischen individuellen Merkmalen und sozialen Einflüssen, auch wenn sie nur selten systematisch zur Erklärung von Persönlichkeit herangezogen werden. Sie bestehen nicht nur in solchen Ansätzen, in denen beide Determinantenreihen von vornherein aufeinander bezogen sind, wie in der Wechselbeziehung zwischen Selbst- und Rollenkonzept der Persönlichkeit, sondern man kann z. B. auch die soziale Determination von persönlichen Eigenschaften nachweisen (Merz, 1958). Allgemein: welche Eigenschaften (im herkömmlichen Sinne) ein Individuum hat, hängt u. a. auch davon ab, in welchem Netz sozialer Relationen dieses Individuum steht, welchen sozialen Gebilden es angehört, welche Normen in diesen gelten usw. Das gleiche gilt natürlich umgekehrt.

Entsprechend ist das Verhältnis zwischen individuellen Merkmalen und Verhaltensrückwirkungen. Nimmt man z. B. als Einheiten in der Organisationsform von Individuen Habits, dann wird ganz deutlich, daß ihre Bildung und Verstärkung zu individuell relativ konstanten Verhaltensbedingungen vom ›Erfolg‹ der entsprechenden Verhaltensweisen und damit natürlich von Rückmeldungen abhängt. Oder wiederum allgemein ausgedrückt: welche Merkmale ein Individuum entwickelt, hängt u. a. von den Auswirkungen des aus diesen Merkmalen folgenden Verhaltens und deren Rückmeldung ab. Auch diese Beziehung gilt in umgekehrter Richtung: Was an Rückmeldungen ›empfangen‹ wird[45] und welche Bedeutung den einzelnen Inhalten zukommt – und nur die subjektiv erlebte Bedeutung ist verhaltensrelevant –, wird u. a. durch die Eigenart des betreffenden Individuums bestimmt.

Wenn aber die Art der Rückwirkungen auch von sozialen und kulturellen Gegebenheiten abhängt, wie es im Falle der sozialen Kontrolle im Rollenkonzept der Persönlichkeit offenkundig wird, dann kann auch die Interdependenz zwischen diesen beiden Bedingungsklassen als gesichert gelten. In allgemeiner Form: welche Rückmeldungen auf ein gegebenes Verhalten folgen, ist auch eine Funktion der sozialen Struktur und geltender Normen.

Damit steht aber fest: So notwendig zum Zwecke der Analyse die Isolation einzelner Bedingungsklassen und ihrer Einheiten auch sein mag, für die zureichende Erklärung individuellen Verhaltens müssen nicht nur alle nachweisbaren Bedingungsklassen, sondern auch ihre allseitige Wechselwirkung theoretisch in Ansatz gebracht werden.

2. Folgerungen

Im gleichen Maß, wie sich Widersprüche zwischen verschiedenen Persönlichkeitskonzeptionen und ihren analytischen Einheiten ergeben, sind sie für die Erklärung individuellen Verhaltens unbrauchbar. Umgekehrt müssen aber alle Erkenntnisse, die sich übereinstimmend in verschiedenen Forschungsansätzen ergeben und die empirisch gesichert sind, solange beibehalten und für die theoretische Erfassung von Persönlichkeit nutzbar gemacht werden, als keine besseren Erklärungsmöglichkeiten zur Verfügung stehen.

Die Übereinstimmungen zwischen den hauptsächlichsten persönlichkeitstheoretischen Grundbegriffen wurden vorausgehend in allgemeiner Form dargestellt. Eine konsequente Folgerung daraus ist nun der Versuch, einen Begriff als analytische Einheit für Persönlichkeit zu entwickeln, der die Nachteile der bisherigen Konstrukte vermeidet, ihre Vorteile aber beibehält und alle auf einen einheitlichen theoretischen Rahmen bezieht. Ein solcher Versuch wurde mit dem Einstellungsbegriff an anderer Stelle unternommen (Roth, 1967 a); die für diesen Zusammenhang wesentlichen Argumente sollen im folgenden kurz dargestellt werden.

VIII. Einstellung

1. Vorbemerkungen

Dem vorwissenschaftlichen Denken ist selbstverständlich, daß ein Mensch erlebt und handelt, wie er es tut, weil er entsprechend ›eingestellt‹ ist. In der Psychologie hat die Einstellungsforschung auch eine reiche Tradition, sie beschränkt sich aber auf die allgemeine Psychologie und die Sozialpsychologie, während die Persönlichkeitstheorie bisher erstaunlicherweise davon kaum Notiz genommen hat.

Die entsprechenden allgemeinpsychologischen Begriffe (neben Einstellung: ›Aufgabe‹, ›Bewußtheit‹, ›Bewußtseinslage‹, ›determinierende Tendenz‹) beziehen sich auf die Abhängigkeit der Wahrnehmung und des Vorstellens, des Gedächtnisses und Lernens, des Gedankenablaufs und der Motorik von vorausgehend gesetzten Erwartungen, von der damit verbundenen Richtung der Aufmerksamkeit und des Interesses sowie einer individuellen Wertung und schließlich von der daraus resultierenden Disposition zu erleben und zu handeln. Ein Beispiel aus dem Bereich der Motorik macht das deutlich: Wenn man im Dunkeln eine ansonsten wohlbekannte Treppe hinaufgeht und am Ende angelangt ist, kann ein eventueller Sturz u. a. zwei Ursachen haben: entweder ist man darauf ›eingestellt‹, daß noch eine Stufe folgt, wenn die Treppe tatsächlich schon zu Ende ist, oder aber der ›Einstellung‹ entsprechend hätte keine Stufe mehr folgen dürfen, obwohl in Wirklichkeit noch eine da ist.

Die einschlägigen sozialpsychologischen Begriffe (neben Einstellung ›Meinung‹, ›Gesinnung‹, ›Stereotyp‹, ›Vorurteil‹ und ›Werthaltung‹ o. ä.) beziehen sich auf die Abhängigkeit des

Verhaltens von Annahmen, Überzeugungen und wertenden Stellungnahmen zu sozialen Gebilden. Bekanntestes und folgenschwerstes Beispiel dafür sind Vorurteile rassischen, ethnischen oder religiösen Minoritäten gegenüber.

In der Persönlichkeitspsychologie sind Einstellungen bislang nicht systematisch berücksichtigt worden. Wo sie einbezogen wurden, wie z. B. bei Guilford (vgl. S. 41), geschah es ausschließlich im sozialpsychologischen Sinn. Die Analyse der bisher verwendeten und nur auf den ersten Blick unterschiedlichen Einstellungsbegriffe ergibt, daß in ihnen lediglich verschiedene Akzentuierungen eines allgemeinen Sachverhaltes begrifflich gefaßt sind. Von ihm läßt sich zeigen, daß er zu den durchgängigen Bedingungen des Verhaltens, damit natürlich auch des individuellen Verhaltens, gehört. Daraus folgt aber, daß diesem allgemeinen Einstellungsbegriff in jeder Theorie der Persönlichkeit eine zentrale Bedeutung zukommen muß. Dieser Begriff muß deshalb erläutert und seine Bedeutung in der Persönlichkeitspsychologie umrissen werden, bevor er kritisch mit den anderen persönlichkeitstheoretischen Grundbegriffen verglichen werden kann.

2. Die Definition von Einstellung

Aus der Vielzahl der Auffassungen von Einstellung, die hier nicht angeführt werden können, lassen sich folgende Definitionselemente, die allen gemeinsam sind, ableiten:

a) Einstellungen als hypothetische Konstrukte

Einstellungen sind, wie alle persönlichkeitspsychologischen Grundbegriffe, hypothetische Konstrukte, die aus der Konsistenz bzw. der Kovarianz beobachtbaren Verhaltens von Individuen gefolgert werden. Sieht z. B. ein Mensch immer wieder und vor allem die Not von Mitmenschen, leidet er unter Ungerechtigkeiten, auch wenn sie anderen zugefügt werden, und handelt er deswegen maßgeblich in dem Bestreben, Bedürftigen zu helfen, wird daraus ein hohes Maß ›sozialer Einstellung‹ geschlossen.

b) Der Objektbezug von Einstellungen

Jedes Erleben ist das Erleben von etwas; jedes Handeln erfolgt in bezug auf etwas. Dieser in alles Verhalten eingehende Bezug zu Gegenständen der Umwelt ist im Einstellungsbegriff durch den Objektbezug repräsentiert, denn jede Einstellung ist Einstellung zu etwas.

Für die allgemein psychologische Einstellungsforschung waren solche Objekte bestimmte Reize oder Reizkonfigurationen, für die Sozialpsychologie soziale Gebilde oder Institutionen. Die Beschränkung darauf ist aber willkürlich, denn Einstellungsobjekt kann schlechterdings jeder Inhalt des Erlebens sein, z. B. eine zu lösende Aufgabe, ein Konsumartikel, einzelne Personen oder Personengruppen, nicht zuletzt soziale Normen oder kulturelle Werte und schließlich auch das eigene Selbst.

c) Einstellungen als komplexe Einheiten

Einstellungen wirken im Bedingungssatz des Verhaltens wohl als funktionale Einheiten, sind aber nicht Elemente in dem Sinn, daß sie nicht weiter zurückführbar wären. Die wichtigsten Teile einer Einstellung sind die kognitive und affektive Komponente (vgl. Krech, Crutchfield und Ballachey, 1962, S. 140).
In der kognitiven Komponente ist das auf den gegebenen Gegenstand bezogene Wissen zusammengefaßt, in der affektiven dessen individuelle Bewertung. Jede Komponente kann selbst wiederum mehr oder minder komplex sein.

d) Der Systemcharakter von Einstellungen

Alle in der komplexen Einheit Einstellung zusammengeschlossenen Teile stehen in wechselseitigem Abhängigkeitsverhältnis. Hat z. B. jemand einer anderen Person gegenüber eine bestimmte Einstellung (Respekt), und ändert sich durch Informationen das Wissen des Einstellungsträgers von diesem Einstellungsgegenstand (die Person begeht betrügerische Handlungen), dann wird sich auch die affektive Komponente dieser Einstellung ändern (Verminderung der Sympathie) und mit der gesamten Einstellung auch das Verhalten dieser Person gegenüber (es wird weniger Interaktion gesucht). Die durch die Veränderung eines Teils bewirkte Veränderung des Ganzen entspricht der Eigenart eines Systems. Systemcharakter haben Einstellungen aber nicht nur auf dieser Abstraktionsstufe, sondern wechselseitige Abhängigkeiten zeigen sich auch zwischen den Elementen einer Einstellungskomponente und nicht zuletzt zwischen den verschiedenen Einstellungen eines Individuums.

e) Einstellungen sind erworben

Einstellungen zu bestimmten Gegenständen als komplexe Bedingungseinheiten des Verhaltens entwickeln sich nicht autonom in einem Reifungsprozeß aus vorgegebenen Anlagen, sondern bilden sich in Abhängigkeit von Erfahrungen mit konkreten Gegenständen. Das gilt gleichermaßen für die in einer einmaligen Situation gesetzte momentane Einstellung, z. B. eine ›Aufgabe‹

(vgl. Külpe, 1904), wie für die im Verlauf eines individuellen Entwicklungsprozesses erworbene und dann relativ dauerhafte Einstellung, wie z. B. eine Werthaltung (vgl. Spranger, 1950). Damit nehmen aber Einstellungen eine eigenartige Stellung in der Determinantenreihe des Verhaltens ein: einerseits selbst erfahrungsabhängig, gehen sie andererseits als Bedingung in alle Erfahrung mit ein.

f) Kriterien für die operationale Definition von Einstellungen

Neben diesen genannten inhaltlichen Merkmalen des Einstellungsbegriffs sind zu seiner Definition auch die Methoden zu berücksichtigen, die zur Messung von Einstellungen angewendet werden. Dies führte einerseits zu einer Präzisierung des Konzepts, andererseits aber auch zu einer Einengung. Denn unter dem Eindruck meßtheoretischer Erwägungen wurde das komplexe Phänomen Einstellung schließlich so gesehen, als ob es nur aus der einen oder den wenigen Dimensionen bestehe, auf die es zum Zwecke seiner Messung reduziert worden war. Zumeist sind dies die ›Richtung‹ einer Einstellung (positiv oder negativ in bezug auf den Gegenstand) und die ›Intensität‹ der Ablehnung oder Zustimmung (Grad oder Ausmaß der Richtung).

Die durch scharfe Meßvorschriften bewirkte Präzisierung läßt sich beibehalten und die unzulässige Einengung vermeiden, wenn man mehrere, nach Möglichkeit alle an Einstellungen relevanten Merkmale in die Messung einbezieht. In der Phänomenanalyse (vgl. Roth, 1967 a) lassen sich zumindest folgende weitere Dimensionen, in denen Einstellungen variieren können, aufzeigen. Hinsichtlich des Bezugsgegenstandes sind es dessen Allgemeinheitsgrad (spezifisch – generell), die Zahl der Individuen, die Einstellungen dazu entwickelt haben (singulär – universell) und die Bedeutsamkeit, die diesem Gegenstand im subjektiven Erleben zukommt (peripher – zentral). Aufgrund der Bedingungen, unter denen Einstellungen erworben werden, ergeben sich: die Wirkungsdauer (momentan – habituell) und neben der schon erwähnten Richtung und Intensität noch die Variabilität (gering – hoch). In bezug auf den Systemcharakter von Einstellungen müssen noch unterschieden werden die Komplexität (Anzahl der Bestandteile, die zu einer Einheit zusammengeschlossen sind), die Differenziertheit (Unterscheidbarkeit der Bestandteile), die Konsistenz (Vereinbarkeit der Bestandteile) und die Strukturiertheit (das Maß an Ordnung der Bestandteile; vgl. Roth, 1967 a, S. 62–94). Allerdings stehen geeignete Meßmethoden noch nicht für alle diese Dimensionen zur Verfügung.

3. Die einstellungsorientierte Persönlichkeitsauffassung

Wenn unter Persönlichkeit der Inbegriff der Bedingungen individuellen Verhaltens verstanden wird und wenn Einstellungen als analytische Einheiten dieser Bedingungen definiert werden, dann ergibt sich von selbst, daß Persönlichkeit darstellbar ist als System von Einstellungen. Der Einstellungsbegriff in dem hier intendierten weiten Sinne genügt auch allen Forderungen, die sich aus der ersten beschreibenden Analyse des Phänomens Persönlichkeit für jedes Konstrukt zu seiner Erklärung ergeben. Diese Behauptung muß kurz begründet werden:

a) Der Organismus-Umwelt-Bezug

Keine Erklärung des Erlebens und Verhaltens kann daran vorbeigehen, daß Menschen biologische Organismen sind. Jedes konkrete Erleben oder Verhalten kann allgemein unter dem Aspekt gesehen werden, daß ein Organismus in eine irgendwie geartete Beziehung zu seiner Umwelt tritt. Im Einstellungsbegriff ist diese Tatsache berücksichtigt. Denn Einstellungen als Einheiten von Verhaltensbedingungen schließen ein (1) die Eigenart eines gegebenen Organismus mit der ihm immanenten Gesetzlichkeit, (2) die Veränderungen, denen dieser Organismus unter dem Einfluß aller Erfahrungen unterworfen ist, sowie (3) den Bezug zu der Umwelt, in welcher der Organismus sich verhält. Die einstellungsorientierte Persönlichkeitsauffassung gründete also einmal auf der Voraussetzung, daß Verhalten in Abhängigkeit von der jeweiligen Organisationsform eines Organismus erfolgt, wie sie sich aus der Eigengesetzlichkeit dieses Organismus und unter dem Einfluß seiner Lerngeschichte und in bezug auf eine gegebene Umwelt entwickelt. Diese Organisationsform kann in Termini von Einstellungen begrifflich gefaßt werden.

b) Die Individualität des Sich-Verhaltenden

Die Behauptung, daß jeder einzelne Mensch trotz aller vergleichbaren Aspekte sich noch in vielerlei Hinsicht von allen anderen unterscheidet, ist trivial. Dennoch wird die Tatsache, daß der Gegenstand der Persönlichkeitspsychologie immer ein Einzelwesen ist, in vielen theoretischen Ansätzen nicht berücksichtigt; ja es wird sogar bestritten, daß wissenschaftliche Aussagen über Individualitäten möglich seien. Der Einstellungsbegriff gestattet, Subjekte des Erlebens und Verhaltens als Individuen begrifflich zu fassen. Denn die Bildung konkreter Einstellungen erfolgt (1) in Abhängigkeit von der angeborenen Ausstattung eines Individuums, die sehr variabel ist, (2) unter dem Einfluß

der gesamten persönlichen Lerngeschichte, die in allen Einzelheiten unwiederholbar ist, sowie (3) in Interdependenz zwischen beiden Bedingungsreihen.
Dieser Prozeß führt zwangsläufig zur individuellen Sonderheit: Eigenart und Struktur der Einstellungen eines Menschen sind Merkmale seiner Individualität. Damit wird die Explikation von Persönlichkeit in Begriffen von Einstellungen auch der zweiten Voraussetzung gerecht, daß nämlich Subjekte des Verhaltens immer Individuen sind. Darüber hinaus machen die Gesetzlichkeiten, die sich über Einstellungen, ihre Bildung und ihre Funktion ermitteln lassen, wissenschaftliche, und das heißt allgemeine Aussagen über Individuen möglich.

c) Grundqualitäten individuellen Verhaltens

Als Grundqualitäten waren einleitend Einheit, Gerichtetheit sowie Konstanz und Variabilität des Verhaltens beschrieben worden.

Die Einheit des erlebenden und handelnden Individuums wird im Systemcharakter der Einstellungen repräsentiert, der ja nichts anderes besagt, als daß alle auf ein individuelles Verhalten wirkenden Bedingungen zu einer Einheit zusammengeschlossen sind. Der Einstellungsbegriff gestattet, neben den organischen Einflüssen und individuellen Tendenzen auch kulturelle, nationale sowie schicht- und gruppenspezifische Determinanten einheitlich zu fassen, und er schließt kognitive und affektive Komponenten des Erlebens zu Funktionseinheiten zusammen.
Die Gerichtetheit oder die Zielbezogenheit allen Verhaltens findet ihren adäquaten Ausdruck im Gegenstandsbezug von Einstellungen. Denn mögliche Einstellungsgegenstände, auf die individuelles Verhalten bezogen und durch die es gerichtet ist, sind alle Inhalte des Erlebens. Sie reichen von einer momentanen ›Aufgabe‹, wie z. B. dem Suchen einer Parklücke (vgl. Rohracher, 1964/65), über die Determinierung des Denkablaufs durch angestrebte Problemlösungen, die Steuerung des Verhaltens, z. B. einer politischen Minorität gegenüber, bis hin zu einem individuellen Lebensplan mit der eigenen Person als Bezugsobjekt und schließlich der Orientierung des Verhaltens einer ganzen Gesellschaft an einem bestimmten Wertsystem.
Eine Persönlichkeitsauffassung, deren zentrale analytische Einheiten Einstellungen sind, schließt also auch die allem Handeln immanente Gerichtetheit ein.
Konstanz und Variabilität des Verhaltens können schließlich als direkte Funktionen der Genese von Einstellungen betrachtet

werden. Einstellungen werden ja entsprechend allgemeiner Lerngesetze erworben und folgen somit den darin enthaltenen Kriterien für die Dauer ihrer Wirksamkeit. Der Einstellungsbegriff bietet auch deswegen eine optimale Möglichkeit der Erklärung des stets irgendwelche konstanten Züge aufweisenden, aber immer auch variablen Verhaltens eines Individuums, weil unter diesem Begriff nicht nur konstante oder nur situative Bedingungen verstanden werden, sondern weil sich durch Einstellung und die Dauer der Wirksamkeit momentane bis habituelle Determinanten einheitlich zusammenfassen.

Nicht weniger als vom Prozeß der Einstellungsbildung hängen Konstanz und Variabilität des Verhaltens von dessen Einbettung in die jeweilige gesamte Handlungssituation ab. Mit seinen Merkmalen des Objektbezugs und des Systemcharakters wird der Einstellungsbegriff als Verhaltensbedingung auch diesen Zusammenhängen gerecht. Die Persönlichkeit als ein System, das ständig neue Einflüsse integrieren und sich plastisch an immer wechselnde Gegebenheiten anpassen muß, um sich zu erhalten, wird auch unter diesem Gesichtspunkt am besten in Einstellungsbegriffen faßbar.

4. Vergleich zwischen Einstellungen und anderen persönlichkeitspsychologischen Grundbegriffen

Die kritische Analyse der traditionell untersuchten Determinanten individuellen Verhaltens hat erbracht, daß für seine Erklärung zumindest folgende Gesichtspunkte herangezogen werden müssen: individuelle Merkmale, soziale Einflüsse, Rückwirkungen des eigenen Verhaltens und Interdependenzen zwischen allen Bedingungen. Wenn vorgeschlagen wird, Persönlichkeit in Einstellungen begrifflich zu fassen, dann muß gezeigt werden, wie Einstellung sich zu jenen Begriffen verhält, mit denen in der Persönlichkeitsforschung empirisch gesicherte Erkenntnisse gewonnen wurden. Dabei wird auf die Überlappungen der besprochenen Konstrukte nicht mehr eingegangen, sondern es werden lediglich deren Hauptaspekte und deren Hauptunterscheidungsmerkmale im Vergleich mit Einstellungen hervorgehoben.

Einstellungen sind – wie Eigenschaften – Merkmale von Individuen. Während sich aber Eigenschaften auf die Charakterisierung von Individuen beschränken (und u. a. deswegen unzureichend sind), wird bei Einstellungen über ihren Gegenstandsbezug die immer gegebene Relation zur Umwelt eingeschlossen.

Nimmt man z. B. ein hohes Maß an Dominanz als durchgängige

Eigenschaft eines Individuums und betrachtet man Eigenschaften als konstante Bedingungen des Verhaltens, dann müßte sich dieses Individuum in allen sozialen Situationen dominant verhalten. Die Erfahrung lehrt aber, und durch Experimente kann gezeigt werden, daß dies nicht so ist. Der gleiche Mann, der sich Untergebenen gegenüber herrschsüchtig benimmt, kann sich Vorgesetzten gegenüber als unterwürfig erweisen. Dominanz als Einstellung jeweils bestimmten Objekten gegenüber kann dagegen solchen Phänomenen gerecht werden [46].

Einstellungen sind – wie Habits – von einem Organismus individuell erworbene Organisationsformen. In den Habit-Begriff gehen aber, wie gezeigt wurde (vgl. S. 52), nicht haltbare Annahmen ein, die im Einstellungsbegriff vermieden werden können. Neben der Unterschätzung des Einflusses der Vererbung ist dies vor allem die Annahme voneinander relativ unabhängiger Determinanten des Verhaltens. Die sehr häufigen und manchmal beachtlich hohen Korrelationen zwischen verschiedenen Verhaltensweisen, für die jeweils selbständige Habit-Familien vorausgesetzt werden, lassen aber die Annahme der Unabhängigkeit nicht zu. Einstellungen aber als Systeme, in denen jeweils alle Teile aufeinander bezogen sind und in Interdependenz stehen, werden dieser Tatsache gerecht.

Der Hauptwiderspruch zwischen dem Eigenschafts- und Habit-Begriff besteht darin, daß Eigenschaften überwiegend als ›generelle‹, Habits als ›spezifische‹ Verhaltensbedingungen angenommen werden. Im Einstellungsbegriff kann dieser Widerspruch insofern aufgehoben werden, als Generalität und Spezifität von Verhaltensbedingungen nicht mehr einander ausschließende Möglichkeiten, sondern Pole einer Dimension sind, auf der sich Einstellungen entsprechend der Allgemeinheit ihres Bezugsgegenstandes unterscheiden.

So wäre z. B. die Extraversion eine allgemeine Einstellung und damit eine generelle Verhaltensbedingung, weil ihr Gegenstand die gesamte soziale Umwelt eines Individuums ist. Hingegen wäre die Liebe eines Mannes zu einer Frau eine spezifische Einstellung, weil ihr ›Objekt‹ eben ein ganz spezielles ist und entsprechendes Verhalten nur durch es ausgelöst wird.

Einstellungen geben – wie Motive – dem Verhalten eine bestimmte Richtung. Während aber in viele Motivationstheorien irreführende Annahmen wie ein besonderer psychologischer Ursachebegriff oder eine eigene Form psychischer Energie eingehen, läßt sich die Einstellungskonzeption der Persönlichkeit ohne solche Annahmen durchführen. Die Richtung des Verhaltens eines Individuums ergibt sich diesem Konzept zufolge mit Notwendigkeit aus dem Gesamtzustand des Organismus-Umwelt-Systems, das in Einstellungsbegriffen gliederbar ist.

Eigenschaften, Faktoren und Habits einerseits sowie alle jene Konstrukte, die unter Motiv und Motivation zusammengefaßt wurden, andererseits, repräsentieren insofern verschiedene Ansätze der Persönlichkeitspsychologie, als sich erstere überwiegend auf die Struktur, letztere auf die Dynamik der Persönlichkeit beziehen. Beide werden in der Literatur als notwendige und sich ergänzende Auffassungen dargestellt, aber zumeist unabhängig voneinander behandelt. Im Einstellungsbegriff ist diese Trennung überwunden, insofern sich in ihm der strukturale und dynamische Ansatz als zusammenhängende Aspekte eines einheitlichen Phänomens erweisen lassen. Denn in der einstellungsorientierten Persönlichkeitsauffassung ist die Struktur einer Persönlichkeit nichts anderes als die Ordnung des Organismus-Umwelt-Systems, aus deren jeweiligem Zustand sich die Dynamik als die Richtung des Systems ergibt.

Einstellungen bewirken – wie Rollen – bestimmte Erwartungen, die das Verhalten beeinflussen. In beiden Termini wird auch die verhaltensdeterminierende Wirkung einbezogen. Während aber im Rollenkonzept die von einem allgemeinen Normensystem abhängigen Erwartungen sich nur auf konformes Verhalten beziehen und für davon abweichendes Verhalten ein eigener theoretischer Ansatz erforderlich wird, ist im Einstellungskonzept mit der jeweiligen individuellen Bedeutsamkeit der Bezugsgegenstände und den damit zusammenhängenden Erwartungen Verhalten einheitlicher erklärbar.

In den Konstrukten, die vorausgehend mit Einstellung verglichen wurden, ist Verhalten überwiegend vom Individuum aus begriffen. Der Rollenauffassung entsprechend geschieht das von der sozialen Struktur aus. Hinsichtlich ihres Geltungsanspruchs geraten beide Auffassungen in einen Konflikt, der im Einstellungskonzept gelöst ist. Denn beide Bedingungsklassen für Verhalten, nämlich individuelle Merkmale und soziale Einflüsse, die in den traditionellen Ansätzen getrennt untersucht werden, lassen sich im Einstellungsbegriff in ihrer wechselseitigen Abhängigkeit aufeinander beziehen. Einstellungen als Organisationsform eines Individuums werden ja in einer persönlichen Lerngeschichte in Wechselwirkung zwischen der organismischen Eigengesetzlichkeit und sozialen Einflüssen gebildet. So wird die Einstellungsstruktur Merkmal der individuellen Eigenart, die auch, aber nicht nur, von Einflüssen der Sozialstruktur abhängig ist. Umge-

kehrt wird über den Objektbezug das Interaktionsmuster eines Individuums durch seine Einstellungen mitbestimmt.
Einstellungen berücksichtigen schließlich – wie die Selbsttheorien der Persönlichkeit – die Stellungnahme des Individuums zur eigenen Person. So wichtig das Bild vom eigenen Selbst für den Ablauf des Verhaltens aber auch sein mag, es umgreift keinesfalls alle relevanten Verhaltensbedingungen. In der Einstellungskonzeption der Persönlichkeit wird dies faßbar, denn Einstellungsgegenstand kann nicht nur die eigene Person sein, sondern jeder mögliche Inhalt des Erlebens. Darüber hinaus gestattet der Einstellungsbegriff, die prinzipielle Rückbezüglichkeit allen Verhaltens in die Theorie einzubeziehen.
Von allen anderen Versuchen, Verhaltensbedingungen begrifflich zu fassen, unterscheidet sich der Selbstbegriff dadurch, daß er sich nicht auf Gegenstände in ihrer Objektivität, sondern auf Gegebenheiten in der Bedeutung bezieht, die sie für ein Individuum haben. Durch diese individuelle Bedeutsamkeit werden Untersuchungsgegenstände der Persönlichkeitsforschung zwangsläufig zu subjektiven Größen. Auch dieser eigenartigen Tatsache, daß in der Persönlichkeitspsychologie nämlich Forschungsobjekte subjektive Gegebenheiten sind, wird der Einstellungsbegriff gerecht. Im Gegensatz aber zu den phänomenologischen Selbsttheorien der Persönlichkeit beschränkt sich die Einstellungskonzeption nicht auf diese Subjektivität, sondern die individuelle Bedeutsamkeit des Einstellungsgegenstandes ist nur eine jener Dimensionen, die am komplexen Phänomen Einstellung unterscheidbar sind. Da andere Dimensionen wie der Allgemeinheitsgrad des Bezugsobjektes, die Anzahl der Personen, die Einstellungen zum gleichen Gegenstand halten, Wirkungsdauer, Variabilität usw. weitgehend objektivierbar sind, läßt sich im Einstellungsbegriff auch dieser Unterschied zwischen der stets subjektiven Gegebenheit der Selbstkonzepte und der angestrebten Objektivität der anderen persönlichkeitspsychologischen Grundbegriffe überwinden.
In einigen phänomenologischen Theorien werden nicht nur die Konzepte von der eigenen Person berücksichtigt, sondern auch jene, die ein Individuum von seiner gesamten Umwelt hat. Diese Auffassung kommt der einstellungsorientierten Persönlichkeitskonzeption sehr nahe. Einstellungen sind aber Selbstkonzepten zumindest insofern überlegen, als sie besser meßbar sind.

5. Zusammenfassung

a) Die kritische Analyse der wichtigsten persönlichkeitspsychologischen Grundbegriffe (Eigenschaft, Faktor, Habit, Motiv, Rolle, Selbst) zeigte, daß folgende Bedingungsklassen für individuelles Verhalten angenommen werden müssen: Individuelle Merkmale, soziale Einflüsse, Rückwirkungen des Verhaltens und Interdependenz zwischen allen Einzelbedingungen.

b) Als konsequenterweise zu forderndes Konstrukt, das die Wirkungen dieser Klassen in sich zu vereinigen vermag, wurde der Einstellungsbegriff als zentrale analytische Einheit im Bedingungssatz individuellen Verhaltens vorgeschlagen. Abweichend von den Bedeutungen, die dieser Begriff in der allgemeinpsychologischen und der sozialpsychologischen Forschung erhalten hat, sie aber mit einschließend, läßt sich der Einstellungsbegriff für den Gebrauch in der Persönlichkeitspsychologie zusammenfassend wie folgt definieren: Einstellungen sind erschlossene Verhaltensbedingungen, komplexe und als Systeme funktionierende analytische Einheiten der dem objektbezogenen Erleben und Verhalten zugrunde liegenden individuellen Organisationsform, die sich aus der ursprünglichen Eigenart eines Organismus durch eine persönliche Lerngeschichte in einer spezifischen soziokulturellen Umwelt entwickeln.

c) Persönlichkeit als der Inbegriff der Bedingungen individuellen Verhaltens kann damit als System von Einstellungen aufgefaßt werden. Einstellungen mit ihren Hauptmerkmalen des Gegenstandsbezuges, der Erworbenheit und des Systemcharakters sind adäquate Erfassungsmöglichkeiten für die phänomenalen Grundqualitäten individuellen Verhaltens, nämlich Einheit, Gerichtetheit sowie Konstanz und Variabilität. Auf einer Reihe von Dimensionen, die an der komplexen Funktionseinheit unterscheidbar sind, können sowohl inter- als auch intraindividuelle Unterschiede messend erfaßt werden: Allgemeinheitsgrad des Bezugsgegenstandes, Häufigkeit der Individuen mit einer Einstellung zu einem gegebenen Bezugsobjekt, individuelle Bedeutsamkeit dieses Gegenstandes, Richtung, Intensität, Wirkungsdauer und Variabilität der Einstellung, schließlich Komplexität, Differenziertheit, Strukturiertheit und Konsistenz der Einstellungskomponenten (kognitiv und wertend) sowie des Gesamtsystems, zu dem sie zusammengeschlossen sind.

Der Vergleich des Einstellungskonzepts mit den anderen besprochenen persönlichkeitspsychologischen Grundbegriffen zeigt, daß im Einstellungsbegriff die aus den anderen Konstrukten sich übereinstimmend ergebenden und empirisch gesicherten Bedingungsklassen des Verhaltens beibehalten, ihre Widersprüche aber vermieden werden können.

Weiterführende Literatur:

Roth (1967).

D. Aspekte der Persönlichkeitsbetrachtung

Im vorausgehenden Kapitel wurden die wichtigsten analytischen Einheiten abgehandelt, in denen Bedingungen individuellen Verhaltens begrifflich zu fassen versucht werden. Mit diesen analytischen Einheiten allein wird aber Persönlichkeit nicht adäquat darstellbar, weil auch die Ordnung der einzelnen Merkmale und ihre Beziehungen zueinander in den theoretischen Ansatz aufgenommen werden müssen, wenn man den individuellen Gegebenheiten gerecht werden will. Im folgenden müssen deshalb jene Aspekte abgehandelt werden, unter denen Persönlichkeit insgesamt gesehen werden kann, gleichgültig, welcher analytischen Einheit man den Vorzug geben will.

I. Strukturale Auffassung der Persönlichkeit

1. Die Definition des Strukturbegriffes

Struktur bezieht sich allgemein auf den Aufbau, die Zusammensetzung bzw. die Gliederung eines komplexen Gebildes aus seinen Teilen unter einem Prinzip, das die Teile zu einer Einheit macht.

Die Grundbedeutung dieses Begriffes bleibt gleich, auch wenn er im einzelnen für sehr verschiedene Zusammenhänge verwendet wird. Diese Anwendung reicht vom Aufbau eines Kristalles, der in der ›Strukturanalyse‹ untersucht wird, über die Zusammensetzung eines Moleküls, die in der ›Strukturformel‹ angegeben wird, oder die Organisation eines Organismus, auf die sich der biologische Strukturbegriff bezieht, bis hin zu philosophischen Annahmen der Gliederung von Sinnzusammenhängen überindividueller Art.

Auch in der Psychologie wird der Strukturbegriff mit mehreren besonderen Inhalten gebraucht. Ihnen im einzelnen nachzugehen, würde für unseren Zusammenhang zu weit führen, denn sie reichen von anatomischen bis zu metaphysischen Bedeutungen (vgl. Wellek, 1955)[47]. Im folgenden sei deshalb unter Struktur ausschließlich verstanden entweder der Aufbau der Persönlichkeit aus einigen (je nach Schule wechselnden) allgemeinen Grundmerkmalen oder aber die individuelle Ausprägung der jeweiligen analytischen Einheiten, ihre Ordnung und die Art ihres Zusammenhangs.

2. Beispiele strukturaler Persönlichkeitsmodelle

a) Der allgemeine Aufbau der Persönlichkeit

Wie in Hinsicht auf die analytischen Einheiten im Bedingungssatz des Verhaltens, finden sich in der persönlichkeitspsychologischen Tradition auch große Unterschiede bezüglich allgemeiner Aufbau- oder Gliederungsmerkmale der Persönlichkeit.
Populär geworden sind Freuds Ansichten über die psychische Struktur eines Individuums in den ›Instanzen‹ des ›Es‹, des ›Ich‹ und des ›Über-Ich‹, die am besten in Freuds eigener, letzter Darstellung beschrieben werden können (alle Zitate beziehen sich, wo nicht anders vermerkt, auf Freud, 1941, S. 67 ff.):

»Die älteste dieser psychischen Provinzen oder Instanzen nennen wir das Es; sein Inhalt ist alles, was ererbt, bei Geburt mitgebracht, konstitutionell festgelegt ist, vor allem die aus der Körperorganisation stammenden Triebe.«

Das Es arbeitet nach dem ›Lustprinzip‹. Aus dem Es entwickelt sich unter dem Einfluß der Außenwelt das Ich.

»Es hat die Aufgabe der Selbstbehauptung, erfüllt sie, indem es nach außen die Reize kennenlernt, Erfahrungen über sie aufspeichert (im Gedächtnis), überstarke Reize vermeidet (durch Flucht), mäßigen Reizen begegnet (durch Anpassung) und endlich lernt, die Außenwelt in zweckmäßiger Weise zu verändern (Aktivität); nach innen gegen das Es, indem es die Herrschaft über die Triebansprüche gewinnt, entscheidet, ob sie zur Befriedigung zugelassen werden sollen, diese Befriedigung auf die in der Außenwelt günstigsten Zeiten und Umstände verschiebt oder ihre Erregung überhaupt unterdrückt.«

In diesem Sinn arbeitet das Ich nach dem ›Realitätsprinzip‹. Aus dem Ich seinerseits bildet sich »als Niederschlag der langen Kindheitsperiode, während der der werdende Mensch in Abhängigkeit von seinen Eltern lebt«, als dritte Instanz das ›Über-Ich‹ und eng damit zusammenhängend das Ich-Ideal heraus.

»Im weiteren Verlauf der Entwicklung haben Lehrer und Autoritäten die Vaterrolle fortgeführt; deren Gebote und Verbote sind im Ideal-Ich mächtig geblieben und üben jetzt als Gewissen die moralische Zensur aus.« (1940 a, S. 264 f.)

Freud (1940 b) stellt sein Strukturmodell selbst graphisch wie folgt dar (vgl. Abb. 13):

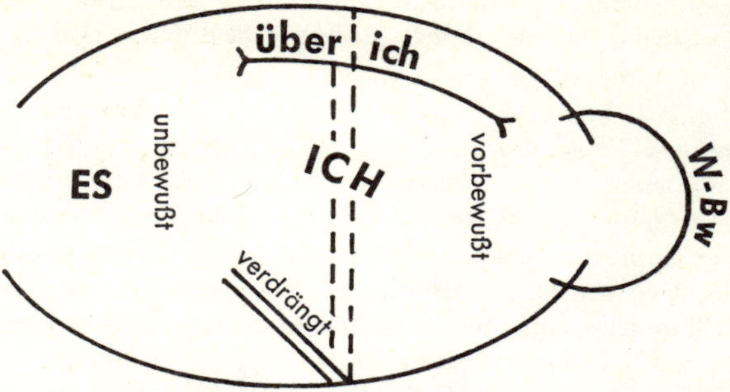

Abb. 13: Strukturmodell nach Freud (1940 b, S. 85)

Obwohl nicht nur in der Psychoanalyse oder der Psychotherapie, sondern auch in verschiedenen Geisteswissenschaften sehr populär, hat dieses Strukturmodell in der engeren Persönlichkeitswissenschaft nie eine besondere Rolle gespielt. Das liegt wohl daran, daß die Konzepte eher mythologisch als im strengen Sinn theoretisch sind. So führt z. B. Hofstätter aus:

»Traditionsbestimmt, paulinisch oder allgemeiner: beinahe Gemeingut aller hellenistischen Mysterien (Neuplatonismus und Gnosis, vgl. Reitzenstein) ist vor allem die Lehre von den drei Instanzen.« (Hofstätter, 1960, S. 545)

Mit solchen Begriffen formulierte Aussagen sind empirisch nicht prüfbar. Dazu muß aber angemerkt werden, daß das Hauptgewicht der Persönlichkeitslehre Freuds nicht auf der Struktur, sondern auf der Dynamik der Persönlichkeit liegt, obwohl beide Aspekte natürlich eng verbunden sind.
Großen Einfluß vor allem in der deutschen Charakterologie der dreißiger bis fünfziger Jahre erreichten dagegen die am geologischen Bild übereinandergelagerter Schichten orientierten Schichtenlehren des Aufbaus der Persönlichkeit (Lersch, Rothacker, Wellek, 1950). Lersch, dessen Modell als Beispiel dafür geschildert werden soll, unterscheidet anfänglich zwei, später drei Schichten im ›Aufbau der Person‹: den Lebensgrund, den endothymen Grund und den personellen (oder rationalen) Oberbau. Diese Begriffe definiert Lersch wie folgt:

»Unter Lebensgrund verstehen wir das Insgesamt der organischen Zustände und Vorgänge, die sich in unserem Leibe abspielen. Es ist also noch gar keine psychische, sondern – ontisch betrachtet – eine vorpsychische, dem Erleben vorgeordnete Wirklichkeit. Wir wissen aber, daß das, was wir ›Erleben‹ nennen, die notwendigen, wenn auch nicht ausschließlichen Bedingungen seiner Möglichkeit in gewissen Vorgängen des organischen Leibgeschehens hat.« (Lersch, 1962, S. 107)

Auf diesen Lebensgrund aufgelagert ist »eine tiefste und innerste Sphäre des Erlebens« (a. a. O., S. 121), eben die Schicht des endothymen Grundes[48]. Darin enthalten sind »die stationären Gestimmtheiten, die Antriebserlebnisse (Triebe und Strebungen) und die Anmutungserlebnisse« (a. a. O., S. 104). Der endothyme Grund wird seinerseits überlagert vom personellen Oberbau, der »phänomenologischen Gemeinsamkeit von Denken und Wollen« (a. a. O., S. 496).

»Dabei ist die Bestimmung des Oberbaus durch die Bezeichnung ›personell‹ nicht so zu verstehen, als ob das, was wir Person nennen, allein durch Denken und Wollen repräsentiert wäre. Mit der Rede vom personellen Oberbau ist vielmehr die oberste, im Denken und Wollen gegebene Schicht jenes Ganzen gemeint, das wir Person nennen und zu dem außer dem Lebensgrund auch der endothyme Grund mit seinen pathischen Erlebnissen gehört.« (S. 497)

Lersch stellt sein Modell, wie aus Abb. 14 ersichtlich, graphisch dar:

In dieses Schichtmodell sind nicht nur die Anregungen von Freud eingegangen (Lersch spricht von der »Eshaftigkeit« des endothymen Grundes und der »Ichhaftigkeit des personellen Oberbaus«) und nicht nur philosophische Vorstellungen über den Aufbau der Wirklichkeit (vor allem N. Hartmann, 1933)[49], sondern auch hirnphysiologische und hirnanatomische Erkenntnisse. Tatsächlich lassen sich Zusammenhänge zwischen intellektuellen Funktionen und der Hirnrinde (Cortex) einerseits sowie affektiven Phänomenen und subkortikalen Hirnregionen andererseits nachweisen (vgl. Gilbert, 1959). Darin wird häufig eine Möglichkeit der empirischen Verankerung des Schichtmodells gesehen. Dennoch bleiben die Schichtentheorien der Persönlichkeit überwiegend phänomenologisch orientiert und daran setzt auch die Kritik an, die am schärfsten von Eysenck (1959) formuliert wurde. Außer der Tatsache, daß die Schichtmodelle bestenfalls deskriptiv sind, aber nichts erklären, bemängelte er sicher zu Recht die fehlende Schärfe der Begriffs- und Theorienbildung. Aus diesen Gründen verlieren die Schichtmodelle auch im deutschen Sprachraum zunehmend an Bedeutung.

Eysenck seinerseits entwirft mit seiner Persönlichkeitsdefinition ebenfalls ein Strukturmodell:

»Persönlichkeit ist die Gesamtsumme der aktuellen oder potentiellen Verhaltensmuster des Organismus, wie sie determiniert sind durch

Vererbung und Umwelt; sie stammen aus der und entwickeln sich durch die funktionale Interaktion von vier Hauptsektoren, in welchen die Verhaltensmuster organisiert sind: der kognitive Sektor (Intelligenz), der konative Sektor (Charakter), der affektive Sektor (Temperament) und der somatische Sektor (Konstitution).« (1961, S. 25)

Persönlichkeit wird damit gesehen als aufgebaut aus den vier Hauptsektoren, die traditionellerweise untersucht wurden. Eine

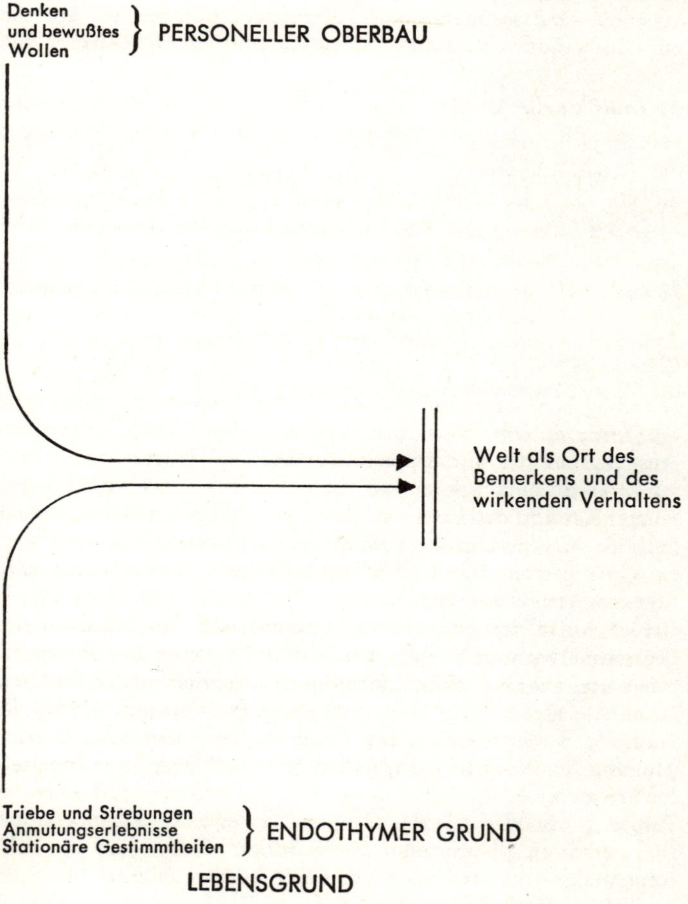

Abb. 14: Strukturmodell nach Lersch (1962, S. 103)

ganz ähnliche Auffassung wurde schon am Beispiel Guilfords beschrieben, dort findet sich auch eine graphische Darstellung dieses Modells (vgl. S. 41).
Obgleich auch diese klassifikatorischen Modelle, wie schon ausgeführt wurde, erhebliche Schwächen haben, dominieren sie derzeit in der strukturalen Persönlichkeitsbetrachtung. Das liegt wohl daran, daß sie besser dem derzeit in der Psychologie vorherrschenden neopositivistischen Wissenschaftsideal entsprechen als andere Auffassungen; doch zeigen sich schon deutlich Ansätze zur Überwindung auch dieser klassifikatorischen Strukturmodelle.

b) Individuelle Muster

Das Strukturprinzip wird nicht nur auf das allgemeine Schema des Persönlichkeitsaufbaues angewendet, sondern auch auf die individuellen Organisationsformen der jeweiligen analytischen Einheiten. Für die Eigenschaftstheorien drückt Lersch das so aus:

»Die Eigenschaften (Dispositionen) stehen als abhebbare Einzelzüge in der Einheit eines Charakters ... in einem bestimmten Ordnungsverhältnis. Es gibt ein ordnendes Prinzip, das den Einzelzügen ihren Stellungswert und ihre Bedeutung in der Einheit eines bestimmten Charakters verleiht. Diese Anordnung der Einzelzüge, ihr Verhältnis der Über- oder Unterordnung nennen wir die Struktur.« (1962, S. 64)

Guilford, obwohl hinsichtlich seines wissenschaftstheoretischen Ausgangspunktes und seines methodischen Ansatzes von Lersch sehr verschieden, kommt zu ganz ähnlichen Formulierungen. Ausgehend von der Voraussetzung, daß »Persönlichkeit ... mehr (ist) als die Summe ihrer Teilbereiche« (1964, S. 5), definiert er: »Die Persönlichkeit eines Individuums ist seine einzigartige Struktur von Wesenszügen.«
Beiden Auffassungen ist also gemeinsam, daß Persönlichkeit nur begreifbar wird als die übersummative Struktur der sie konstituierenden analytischen Einheiten. Individualität ist bei der Annahme gleicher Eigenschaftsarten oder Wesenszüge für alle Individuen ausschließlich begründet in der verschiedenen Ausprägung der einzelnen Eigenschaften sowie ihrer je individuellen Ordnung.
Außer in der Methode der Gewinnung der einzelnen Merkmale (bei Lersch die phänomenologische Schau, bei Guilford die Faktorenanalyse) unterscheiden sich beide Ansätze in einer Hinsicht, die ihren prägnantesten Ausdruck in einer graphischen Darstellung von Allport findet; bei ihm kommt allerdings die Annahme individueller Eigenschaften hinzu.

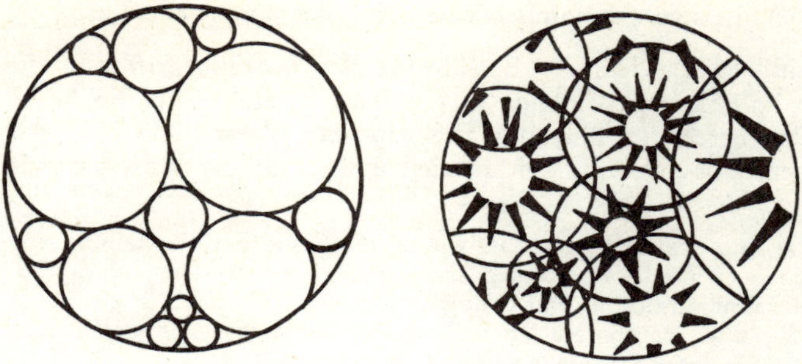

a) Die Faktoren-Auffassung:
Die einzelne Persönlichkeit als ein System von unabhängigen Elementen; die Elemente sind in verschiedenen Persönlichkeiten gleich, nur die Ausprägung variiert.

b) Die Eigenschaftsauffassung:
Die einzelne Persönlichkeit als System fokaler, jedoch voneinander abhängiger Unterstrukturen; die Einheiten sind wesentlich verschieden in jeder Persönlichkeit.

Abb. 15: Faktoren- und Eigenschaftsmodell der Persönlichkeit (nach Allport, 1949, S. 247)

II. Die prozessuale Auffassung der Persönlichkeit

1. Die Definition des Prozeßbegriffes

Der Begriff ›Prozeß‹ ist allgemein bezogen auf ein zusammenhängendes, nach bestimmten Gesetzen fortschreitendes Geschehen. Wie ›Struktur‹ hat auch ›Prozeß‹ in einzelnen Wissenschaften viele besondere Bedeutungen erlangt, auf die hier aber nicht eingegangen werden kann. Auch in der Psychologie wird dieser Begriff nicht in einem einheitlichen Sinne gebraucht. Folgende Bedeutungskomponenten lassen sich hervorheben:

a) die nie zum Stillstand kommende, aber gesetzmäßige Änderung des Verhaltens bzw. des individuellen Zustandes in der Zeit;

b) die Rückführung des Verhaltens nicht auf bestimmte Strukturmerkmale, sondern auf eine wirkende Kraft bzw. mehrere spezifische Energiearten;

c) die Zielstrebigkeit der Entwicklungsverläufe.

Diese Komponenten werden von einzelnen Autoren in wechselnder Kombination und Akzentuierung verbunden. Die darauf sich gründende Psychologie wird auch ›dynamisch‹ genannt und der als ›statisch‹ qualifizierten ›Strukturpsychologie‹ entgegengesetzt.

Heiß (1948), dem die Einführung des Prozeßbegriffes in die Persönlichkeitspsychologie zu danken ist, stellt sich die Frage »Was berechtigt uns, die alte erprobte Vorstellung von der Eigenschaftspersönlichkeit aufzugeben?« und beantwortet sie wie folgt:

»Wir sind des Glaubens, daß wir an die Stelle der Vorstellung von mehr oder minder konstanten Eigenschaften, die der Umgangspsychologie entnommen sind und beispielsweise lauten: hochmütig, gutherzig, fleißig usw., die andere Vorstellung der Verlaufsgestalt setzen müssen.« (Zit. nach Groffmann und Wewetzer, 1968, S. 24.)

Eine Verlaufsgestalt wird interpretiert als der Ablauf eines dem Verhalten zugrunde liegenden Antriebes. Dabei werden auch die Termini ›Antriebs-, Tiefen- und Leitgestalt‹ verwendet. Das Konstante einer Persönlichkeit liegt in periodischen Abläufen und kann sich in wechselnden Erscheinungsbildern und wechselnden Eigenschaften äußern. Als Beispiel bringt Heiß einen Fall von Angst, die im Verhalten nicht manifestiert wird:

»Nach außen hin verrät sie sich dann in winzigen Kleinigkeiten, in Reisefieber, in Spinnenangst, in der zu großen Angst um geliebte Angehörige, in der allgemeinen zögernden Langsamkeit des Handelns, großer Genauigkeit und Pedanterie und anderem.« (S. 24 f.)

Alle Abläufe in einem Individuum ergeben die »Person als Prozeß«.
Dieser interessante, im übrigen aber der phänomenologischen Tradition der deutschen Charakterologie mit all ihren begrifflichen und methodischen Schwächen verhaftete Ansatz wird heute von Heiß und seinen Schülern mit modernen Mitteln weitergeführt (Groffmann und Wewetzer, 1968): Mit der exakten psychologischen Zeitreihenanalyse wird nicht nur die Einbeziehung entwicklungs- und lernpsychologischer Ergebnisse in die Persönlichkeitstheorie möglich, sondern auch ein neuer Ansatz in der festgefahrenen psychologischen Diagnostik.
Freud, dem das Hauptverdienst an der Einführung des dynamischen Aspektes in die Psychologie zukommt, sieht als letzte Ursache jeder Aktivität die »Kräfte, die wir hinter den Bedürfnisspannungen des Es annehmen« oder die Triebe. In der letzten Periode seines Schaffens nimmt er zwei Grundtriebe an: den Eros und den Destruktionstrieb. »Das Ziel des ersten ist, immer größere Einheiten herzustellen und so zu erhalten, also Bindung, das Ziel des anderen im Gegenteil, Zusammenhänge aufzulösen und so die Dinge zu zerstören.«

Innerhalb des Eros werden Selbst- und Arterhaltungstriebe sowie Ichliebe und Objektliebe unterschieden (Freud, 1941, S. 70). Die Energie des Eros nennt Freud ›Libido‹ (sexuelle Energie), ihr hat er seine Hauptarbeit gewidmet. Das ›Schicksal der Libido‹ bestimmt die individuelle Entwicklung.

Der Destruktionstrieb, den er erst relativ spät in sein Lehrgebäude eingeführt hat, äußert sich als Aggression und führt schließlich zum Tod, weswegen er auch ›Todestrieb‹ genannt wird.

Beide Grundtriebe wirken in jedem Individuum in wechselnder Weise mit- und gegeneinander: »Dieses Mit- und Gegeneinanderwirken der beiden Grundtriebe ergibt die ganze Buntheit der Lebenserscheinungen.«

Auf Einzelheiten braucht nicht weiter eingegangen zu werden; eine zusammenfassende Darstellung findet sich bei Hofstätter (1960). Ihre Fortführung finden die Freudschen Ansätze in den modernen und nur noch selten rein psychoanalytischen Motivationsforschungen (vgl. S. 74 und Thomae, 1965).

Viele Forscher setzen Persönlichkeit gleich mit dem Verlauf des gesamten Lebens. So z. B. Allport (1958, S. 27): »Die Persönlichkeit ist weniger ein abgeschlossenes Produkt als ein fortschreitender Prozeß. Sie besitzt zwar einige stabile Züge, ist aber fortlaufenden Veränderungen unterworfen.« Die Persönlichkeitspsychologie hat sich demzufolge »mit dem Verlauf dieser Änderungen, mit dem Werden, mit der Individuation« zu beschäftigen.

Noch eindeutiger drückt Thomae diese Tendenz aus, wenn er Persönlichkeit definiert als den »Inbegriff aller Ereignisse, die sich zu einer individuellen Biographie zusammenschließen« (Thomae, 1955, S. 189). Dieses prinzipielle Werden der Persönlichkeit wird bei Thomae abgehandelt in den »Grundvorgängen«, der »Richtung«, der »Orientierung«, der »Verfestigung« und der »Bindung«, sowie einer Reihe von Sekundärvorgängen.

Unter Richtung versteht Thomae »eine Grundqualität lebendigen Daseinsvollzuges, die genauso im zielstrebigen Verhalten von Situation zu Situation, wie in der Zielstrebigkeit der Entwicklung der Organismen bis zu ihrer Reife hin zutage tritt« (a. a. O., S. 16). Orientierung bezieht das Verhalten über Wahrnehmen, Denken und Lernen auf die Umwelt: »Die Umwelt orientiert die ›Aktivität des lebenden Subjekts‹, sie schafft die konkreten Inhalte für die Leerschemata, welche zunächst die Richtung des Verhaltens bestimmten« (a. a. O., S. 46). Die Verfestigung »ist als ›Fixierung des Sinnvollen‹ nicht nur Ergebnis der mannigfachen Orientierungsschritte des sich anpassenden Individuums, sondern auch Grundlage für alle weiteren Orientierungen« (a. a. O., S. 46). Bindung schließlich beinhaltet die Beziehung eines Individuums zu anderen Menschen und zu übergreifenden Sinnzusammenhängen.

Freilich beschränkt sich Thomae in seiner »dynamischen Interpretation der Persönlichkeit« nicht auf die Betrachtung der »Person als Prozeß«, sondern ergänzt sie durch die Analyse der »Person als Struktur«[50].

Diese und ähnliche Auffassungen bestimmen neben den vielen motivationsanalytischen Untersuchungen – auch wenn sie nicht ohne Kritik geblieben sind – weitgehend den gegenwärtigen Trend prozessualer Persönlichkeitsauffassung.

III. Feldtheoretische Auffassung der Persönlichkeit

1. Die Definition des Feldbegriffes

Der psychologische Feldbegriff, insofern er nicht allgemein als ›Bereich‹ o. ä. gebraucht wird, ist aus der Physik entlehnt. Dort steht er im speziellen Sinn für die anschauliche Darstellung eines durch Kraftlinien gegliederten Raumes um einen Körper (Schwerefeld), einen Magneten oder um eine elektrische Ladung (elektromagnetisches Feld). Allgemein bedeutet er die Darstellung einer physikalischen Größe in Raumkoordinaten in dem Sinn, daß »eine Gesamtheit gleichzeitig bestehender Tatsachen . . . als gegenseitig voneinander abhängig begriffen werden«. (Einstein, zit. nach Lewin, 1963, S. 273) .

Diesen Begriff und seine Implikationen übertrugen die Gestaltpsychologen (zusammenfassend dargestellt bei Helm, 1960) in die Psychologie und Lewin definierte ihn als »Raum, der an jedem Punkt eine bestimmte Charakteristik hat« (Lewin, 1963, S. 216). Raum hat dabei freilich eine andere als die umgangssprachliche Bedeutung: »Der empirische Raum (ist) nichts weiter . . . als die Vielfalt der zu einem Zeitpunkt bestehenden Fakten« (Lewin, 1963, S. 188). Die psychologischen Implikationen sind dabei folgende:

a) »das Verhalten muß aus einer Gesamtheit der zugleich gegebenen Tatsachen abgeleitet werden;

b) diese zugleich gegebenen Tatsachen sind insofern als ein ›dynamisches Feld‹ aufzufassen, als der Zustand jedes Teiles dieses Feldes von jedem anderen abhängt« (Lewin, 1963, S. 69).

Die Auffassung Lewins, der wir schon früher begegnet sind (vgl. S. 73 f.), läßt sich wie folgt zusammenfassen: Die Situation, in der ein Individuum erlebt und handelt, ist ein dynamisches Feld. Sie wird von Lewin ›Lebensraum‹ genannt und definiert als die

»Gesamtheit der Tatsachen, die das Verhalten (V) eines Individiuums in einem gegebenen Augenblick determinieren ... Der Lebensraum (L) schließt die Person (P) und die Umgebung (U) ein ... Er kann repräsentiert werden durch einen endlich (d. h. nicht unendlich teilbar, Vf.) strukturierten Raum« (Lewin, 1936, S. 216).

Lewin illustriert das in einfachster Form wie in Abb. 16 ersichtlich.

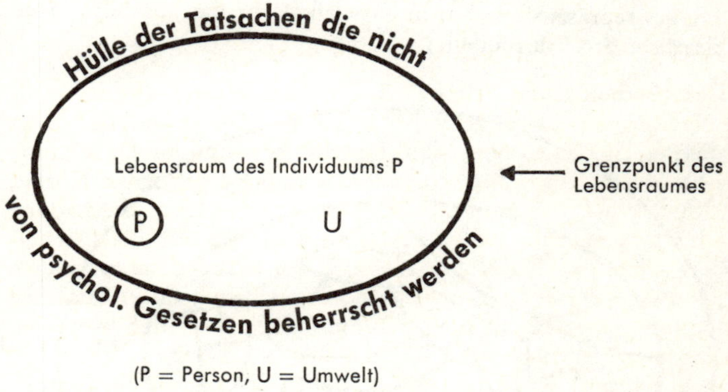

Abb. 16: Der Lebensraum als eine ›dynamisch nicht geschlossene‹ Welt (nach Lewin, 1936, S. 73)

Der Lebensraum ist also ein unanschaulicher, mathematischer Raum, weswegen zu seiner Darstellung die Methoden der Topologie[51] angewendet werden können. Entsprechend ist die zugehörige Welt nicht die geographische oder physikalische Umgebung einer Person, sondern die Welt, wie sie für diese Person existiert. Umwelt in Lewinschem Sinn ist also eine subjektive Größe, die von Individuum zu Individuum verschieden ist. Sie ist strukturiert in ›Regionen‹, d. h. psychologische Gegebenheiten, wie das Beispiel in Abb. 17 zeigt.

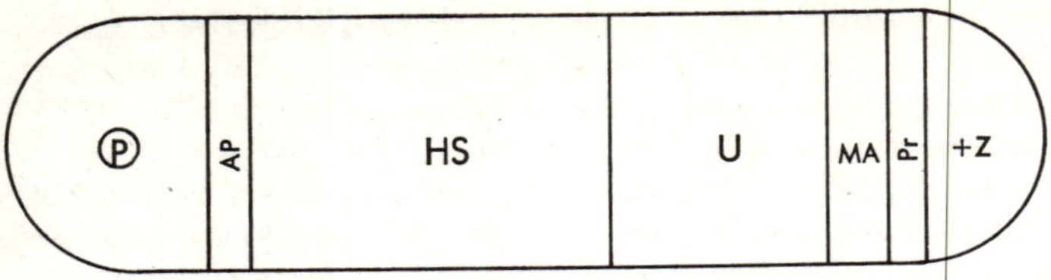

Abb. 17: Situation eines Jungen, der Arzt werden möchte (nach Lewin, 1936, S. 48)

(P = Person, AP = Aufnahmeprüfung, HS = Höhere Schule, U = Universität, MA = Medizinalassistentenzeit, Pr = Praxiseinrichtung, Z = Ziel)

Die Person wird ebenfalls als differenzierte Region des Lebensraumes repräsentiert; Lewin entwirft dafür das aus Abb. 18 ersichtliche Strukturmodell.

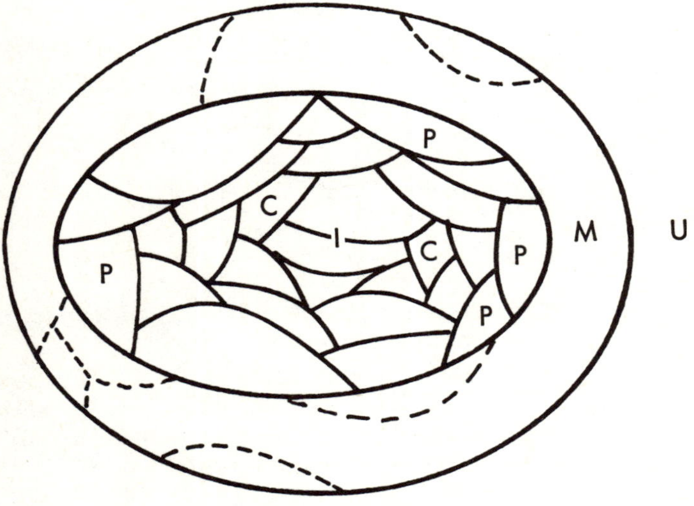

Abb. 18: Topologie einer Person (nach Lewin, 1936, S. 177)

(U = Umwelt, M = Sensomotorische Region, P = periphere, c = zentrale, I = innere Region)

Der Grenzbereich des Lebensraumes ist schließlich die Gesamtheit der das individuelle Feld umschließenden physikalischen und sozialen Fakten, die wohl nicht psychologischen Gesetzen folgen, aber auf das Feld wirken.

Das Verhalten eines Individuums ergibt sich diesem Modell zufolge als Funktion des Lebensraumes: V = f (L) oder, da der Lebensraum aus Person und Umwelt zusammengesetzt ist, V = f (P, U). Dabei wird Verhalten verstanden als jede Veränderung des Lebensraumes insbesondere als ›Lokomotion‹ (Wechsel der Person von einer Region in eine andere) oder als ›Strukturwandel‹ (Wechsel einer Region in eine andere), der auch als Lokomotion aufgefaßt werden kann. Jede Lokomotion folgt einer Kraft, die der Beziehung von mindestens zwei Regionen im Lebensraum (z. B. dem Bedürfniszustande der Person und der Valenz des Handlungszieles) entspringt. Diese Kraft (oder die Resultierende mehrerer Kräfte) ist definiert als Stärke und Richtung der Tendenz zur Veränderung für einen gegebenen Punkt des Lebensraums. Diese Kräfte werden von Lewin als Vektoren dargestellt. Graphisch verdeutlicht Lewin diese Vorstellung, wie aus Abb. 19 ersichtlich:

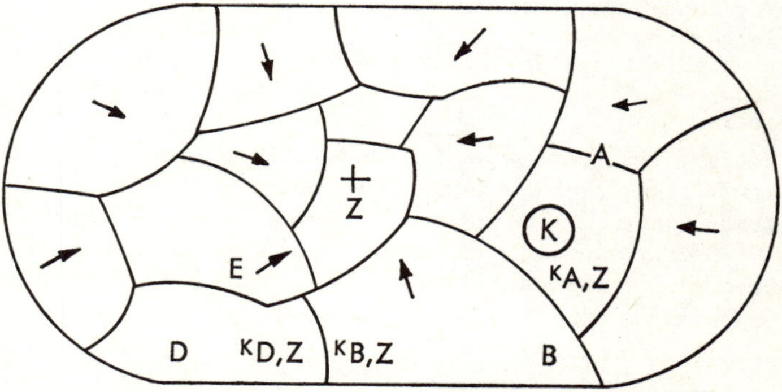

Abb. 19: Positives zentrales Kraftfeld, das einer positiven Valenz entspricht (nach Lewin, 1936, S. 289)

K = Kind, Z = Ziel (eine Tätigkeit, eine soziale Stellung, ein Gegenstand usw.), A, B, D, E = Regionen des Lebensraumes, $k_{A,Z}$ = Kraft, dargestellt als Vektor, wobei Richtung, Länge und Spitze des Pfeiles Richtung, Größe und Angriffspunkt der Kraft bezeichnen.

Lewin interpretiert diese Darstellung selbst:

»Bestünden keine anderen Valenzen, würde sich die Person, ganz gleich, ob sie sich in der Region A, B, D, E ... befände, jedesmal in Richtung auf das Ziel Z zu bewegen versuchen.«

Diese Überlegungen, von Lewin und seinen Schülern mittels der Topologie und der Vektorenrechnung zu einem sehr differenzierten System entwickelt und in zahlreichen Experimenten empirisch belegt, haben Impulse in allen Bereichen der Psychologie gesetzt.
Im Rahmen der Persönlichkeitspsychologie entwickelte Murphy im Anschluß an Lewin ein feldtheoretisches Persönlichkeitskonzept, das als zweites Beispiel referiert werden soll.
Murphy (1947, S. 6–9) hält eine wissenschaftliche Annäherung an das Phänomen Persönlichkeit auf drei Komplexitätsstufen für möglich. Sie sind am prägnantesten in seiner Persönlichkeitsdefinition wiederzugeben: Persönlichkeit ist demnach

»1. ein unterscheidbares Individuum, definierbar in Begriffen qualitativer und quantitativer Differenzen von anderen solchen Individuen,

2. ein strukturiertes Ganzes, definierbar in Begriffen seiner eigenen charakteristischen Attribute,

3. ein strukturiertes Organismus-Umweltfeld, innerhalb dessen jeder Aspekt mit jedem anderen in dynamischer Relation steht.
Es gibt Organisation innerhalb des Organismus und Organisation innerhalb der Umwelt, doch ist es die Organisation der Interdependenz zwischen beiden, die in der Persönlichkeitsforschung untersucht wird.«

Murphy läßt keinen Zweifel daran, daß er, obwohl ihm die ersten beiden Stufen in Sonderfällen ausreichend erscheinen, die fruchtbarsten Bemühungen zur Erklärung von Persönlichkeit in der höchsten Komplexitätsstufe erwartet, eben mit dem feldtheoretischen Persönlichkeitsmodell. Graphisch stellt er es selbst wie folgt dar (vgl. Abb. 20):

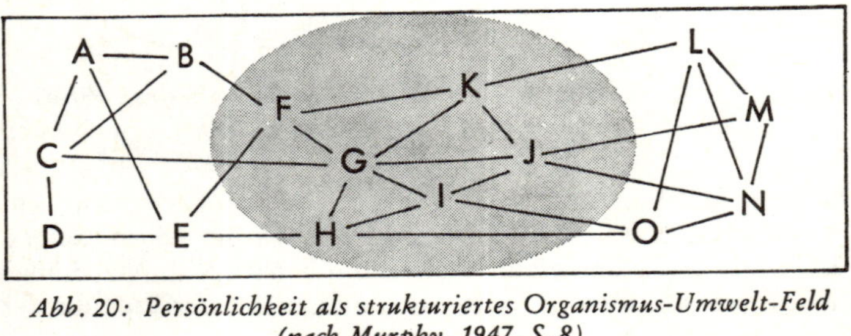

Abb. 20: Persönlichkeit als strukturiertes Organismus-Umwelt-Feld (nach Murphy, 1947, S. 8)

Dabei bedeuten: das Rechteck = Umwelt, der Kreis = Organismus, die Buchstaben = Teile oder Attribute von beiden, die Striche = funktionale Beziehungen.
Alle funktionalen Beziehungen innerhalb des Organismus und zwischen dem Organismus und der Umwelt konstituieren die Persönlichkeit.

IV. Gemeinsamkeiten der Sichtweisen von Persönlichkeit

Die Möglichkeiten der Auffassung von Persönlichkeit als Struktur, als Prozeß und als Feld wurden vorausgehend isoliert bzw. mit nur gelegentlichen Hinweisen darauf besprochen, daß diese Aspekte bei den einzelnen Autoren kombiniert auftreten bzw. daß sie in mannigfacher Weise aufeinander beziehbar sind. Diese Zusammenhänge müssen im folgenden genauer herausgearbeitet werden.

1. Implikationen der verschiedenen Persönlichkeitsbetrachtung

Die geläufige Benennung der besprochenen theoretischen Konzeptionen als ›Aspekte‹ nimmt die Ansicht voraus, daß keine von ihnen allein Persönlichkeit zureichend zu erfassen vermag. Entsprechend berücksichtigen viele Persönlichkeitsforscher sowohl strukturale als auch dynamische Gegebenheiten der Persönlichkeit. Auch reine Strukturtheoretiker sehen sich gezwungen, dynamische Komponenten in ihre Lehre aufzunehmen, wie z. B. Guilford mit »motivierenden Wesenszügen«. Ebenso müssen in dynamischen Interpretationen Annahmen über die Persönlichkeitsstruktur formuliert werden, wenn auch nicht, »um ein Mosaik von Eigenschaften bzw. ein Schema von Grundfunktionen aufzustellen«, sondern um »die dynamischen Kerngebiete aufzuzeigen, um welche sich die Niederschläge der ... Verfestigungsprozesse gliedern«. (Thomae, 1955, S. 115)
Erwägungen über die Struktur der Persönlichkeit beziehen sich dabei meist auf *inter*individuelle Differenzen; ihr begrifflicher Apparat entspricht Zustandsgrößen bzw. einzelnen Dimensionen, auf denen Individuen voneinander unterscheidbar werden; ihre Methodik läßt sich als ›Querschnittsanalyse‹ zusammenfassen, und die in diesem Zusammenhang gebildeten Theorien bieten den »systematischen Rahmen für die Ordnung der zwischen Individuen festgestellten Unterschiede« (Hofstätter, 1960, S. 542).

Erwägungen über die Persönlichkeitsdynamik finden ihren Bezugsrahmen in *intra*individuellen Differenzen; ihre Grundbegriffe sind Wirkungsgrößen, deren wechselnder Richtung und Stärke individuelles Verhalten folgt; die adäquate Methode ist die ›Längsschnittanalyse‹ und die Theorie der Dynamik bezieht sich auf die »Diskrepanzen zwischen den Erscheinungsweisen ein und desselben Individuums in verschiedenen Situationen oder auch Lebensbereichen« (Hofstätter, 1960, S. 542).
Dieser Sowohl-als-auch-Standpunkt, in dem für das gleiche zu erklärende Phänomen, nämlich individuelles Verhalten, so disparate Voraussetzungen aufgenommen werden müssen, bleibt unbefriedigend. Deshalb wird in anderem Kontext der Zusammenhang beider Aspekte hervorgehoben, so z. B. Thomae (1955, S. 1):

»Fast alles, was Form und geronnene Struktur am menschlichen Charakter ist, (war) einmal Geschehen ... und vieles, was jetzt Geschehnis ist, (kann) einmal Form, Haltung, Bereitschaft, Anlage, Triebkraft werden.«

Der wohl konsequenteste Versuch, beide Ansätze zu vereinigen, liegt in der feldtheoretischen Erklärung der Persönlichkeit vor. Denn ein Feld ist ja gekennzeichnet sowohl durch seine Ordnung (Struktur), als auch durch die Richtung der Veränderungstendenz (Dynamik), die feldeigenen Kräften folgt, welche sich ihrerseits wiederum aus der Struktur ergeben. Beide sind in diesem Sinn also nicht voneinander trennbare Betrachtungsweisen, sondern aufeinander bezogene Teile eines einheitlichen theoretischen Konzepts. Darüber hinaus ergeben sich unter dem feldtheoretischen Aspekt erhebliche Konsequenzen für die Methodik, die Begriffs- und Theoriebildung der Persönlichkeitsforschung, auf die freilich nur verwiesen werden kann (vgl. Helm, 1960).

2. Übereinstimmende Merkmale der Persönlichkeitsaspekte

Trotz einer Reihe disparater Annahmen in den verschiedenen Aspekten lassen sich aber auch einige gewichtige Übereinstimmungen aufzeigen: Alle Ansätze gehen davon aus, daß für eine zureichende Erklärung des Verhaltens die Person als Ganzes betrachtet und ihre Offenheit der Umwelt gegenüber berücksichtigt werden muß; ferner, daß jede Person einzigartig ist und ihr somit Individualität zukommt; schließlich, daß individuelles Verhalten wohl immer konstante Züge aufweist, aber auch stetem Wandel unterworfen ist. Diese Behauptungen müssen kurz belegt werden.

a) Ganzheit: Jedes isolierbare persönliche Merkmal, jedes relativ abgeschlossene Geschehen hängt in seiner Bedeutung als Verhaltensbedingung von dem Gesamtzusammenhang ab, in dem es steht. Gleich hohe und gleich geartete Intelligenz z. B. wird zu einem anderen Verhalten führen, je nachdem, welche Werthaltungen der Merkmalsträger einnimmt; oder die Befriedigung des nach Art und Stärke gleichen Bedürfnisses wird vorgenommen in Abhängigkeit von der gesamten individuellen Lerngeschichte. Dementsprechend wird in den strukturalen Persönlichkeitsdefinitionen die Summe, die Totalität oder der Integrationszusammenhang aller Einzelbedingungen hervorgehoben; in den prozessualen Definitionen ist es der ›Inbegriff aller Ereignisse‹, und die Feldtheorie der Persönlichkeit geht ohnehin per definitionem von der Gesamtheit aller gleichzeitig bestehenden Tatsachen aus.

b) Offenheit: Jeder Mensch steht auch im psychologischen Sinn in einer wie immer gearteten Beziehung mit seiner Umwelt. Über den Wahrnehmungsapparat nimmt er sie auf, mittels des motorischen Apparates wirkt er auf sie ein. Diese prinzipielle Offenheit der Persönlichkeit wird berücksichtigt, gleichgültig, unter welchem Aspekt sie gesehen wird. So wird in das Strukturmodell (vgl. S. 119) die »Welt als Ort des Bemerkens und wirkenden Verhaltens« eingeführt; die dynamischen Vorstellungen zielen zumeist auf Anpassung des Organismus an die Realität[52] ab und in feldtheoretischen Modellen hat die Person eine »permeable Grenze« [53] zur Umwelt.

c) Individualität: Jede Person unterscheidet sich in irgendeiner Weise von allen anderen: sei es im strukturalen Sinne die verschiedene Ausprägung von Merkmalen und ihre wechselnde Kombination, sei es prozessual gesehen ein in allen Einzelheiten unwiederholbarer Lebenslauf oder sei es das individuelle Feld. Einmaligkeit jeder Persönlichkeit wird also von allen Betrachtungsweisen ebenfalls vorausgesetzt. Die ›einzigartige Struktur‹ als Definitionselement (Guilford, vgl. S. 40) konstituierte ebenso Individualität wie die ›individuelle Biographie‹ (Thomae, vgl. S. 123) oder die Gesamtsituation einer Person zu einem gegebenen Zeitpunkt (Lewin, vgl. S. 124).

d) Konstanz und Wandel: Jedes individuelle Verhalten zeigt über die Zeit gesehen charakteristische Wiederholungen ähn-

licher oder sogar gleicher Erscheinungen, dennoch muß jede Erklärung von Persönlichkeit immer auch von gleichzeitiger intraindividueller Variabilität des Verhaltens ausgehen (vgl. S. 74). Auch dieser allgemeinen Voraussetzung versuchen alle Aspekte gerecht zu werden. In strukturelle Theorien wird die ›Oszillation‹ ansonsten konstanter Verhaltensbedingungen eingeführt; dynamische Theorien führen das auf wechselnde Bedürfnislagen und Situationsbezüge bzw. auf ›Ablaufgestalten‹ zurück; in der Feldtheorie schließlich wird alles Verhalten auf die Änderung der Feldverhältnisse bzw. Feldkräfte zurückgeführt, die ihrerseits situations- und zeitabhängig sind.
Diese Übereinstimmungen in verschiedenen Arten der Persönlichkeitsbetrachtung sollten, solange ihre Geltung nicht empirisch widerlegt ist, für alle über sie hinausgehenden Erklärungsversuche für Persönlichkeit beibehalten werden. Eine Möglichkeit für ein theoretisches Konzept, das die Widersprüche der verschiedenen traditionellen Aspekte vermeidet, ihre übereinstimmenden Befunde aber für den Fortgang der Erkenntnis nutzbar macht, liegt in der Systembetrachtung der Persönlichkeit vor. Dieser Ansatz soll abschließend aufgezeigt werden.

V. Systemtheoretische Auffassung der Persönlichkeit

1. Die Definition des Systembegriffs

Allgemein bedeutet System ein zusammengesetztes, geordnetes Ganzes. Auch dieser Begriff wird mit sehr vielen verschiedenen Einzelinhalten gebraucht, die vom System des Kosmos über das System der chemischen Elemente oder der Pflanzen bis zum System eines philosophischen Autors und dem System der Wissenschaften reichen.
Im spezielleren Sinn wurde in der Kybernetik ein Systembegriff entwickelt, der den hier zu stellenden Anforderungen genau entspricht. System ist dort nämlich definiert als »Menge von Elementen und Menge von Relationen, die zwischen diesen Elementen bestehen« (Klaus, 1968, S. 634). Die Menge der Relationen wird auch die Struktur des Systems genannt. Jedes System kann Teil eines umfassenderen sein und kann selbst aus weiteren Subsystemen bestehen. Die für die Persönlichkeitspsychologie wesentlichsten Unterscheidungen sind gegeben mit offenen und geschlossenen, dynamischen und statischen sowie selbstregulierenden und fremdregulierten Systemen. Offen ist

ein System dann, wenn es in einem materiellen, energetischen oder informationellen Austausch mit seiner Umwelt steht. Ein dynamisches System hat sogenannte aktive Elemente, die Einflüssen von anderen Elementen oder Systemen unterliegen bzw. selbst auf andere einwirken können. Schließlich spricht man von einem selbststeuernden System dann, wenn es in der Lage ist, sein Verhalten durch eigene Maßnahmen in einem bestimmten Sinn (z. B. Anpassung, Optimierung) zu regulieren.

2. Persönlichkeit als System

Schon die obige kurze Bestimmung des Systembegriffs im Vergleich mit den bisherigen Ausführungen zeigt, daß er sich als bestes theoretisches Konzept zur Erfassung von Persönlichkeit erweist. Denn allen bisherigen Überlegungen zufolge ergab sich Persönlichkeit als strukturiertes Ganzes aus einer Menge von Merkmalen, die in Interrelation stehen, als umweltoffene, aktive und selbstregulierende Größe.

Darüber hinaus bieten die in anderen Disziplinen entwickelten Ansätze einer Systemtheorie eine bisher nie gehabte Möglichkeit, nicht nur dem Phänomen ›individuelles Verhalten‹, sondern auch den eingangs besprochenen wissenschaftstheoretischen Forderungen zu seiner Erklärung gerecht zu werden. Denn eine Theorie, welche die Beziehungen zwischen den Elementen eines Systems, der Relation zwischen Struktur und Funktion von Systemen, der Beziehung zwischen Teilsystemen und Gesamtsystemen usw. (Klaus, 1968, S. 637) mathematisch zu formulieren versucht, leistet nicht nur die erforderliche Exaktheit ohne die Eigenart des Gegenstandes zu vergewaltigen, sondern sie bietet auch die nötige formalisierte Sprache.

Diese Möglichkeit kann am Beispiel einer allgemeinen Automatentheorie und ihrer Anwendung auf Persönlichkeit verdeutlicht werden: Händler (1965) zeigt, daß jeder Automat (α) beschrieben werden kann durch die Beziehung

$$\alpha = (X, Y, Z, \delta, \lambda)$$

Dabei sind:

$X =$ die Menge von Eingabe-Signalen,
$Y =$ die Menge von Ausgabe-Signalen,
$Z =$ die Menge der (internen) Zustände des Automaten,
$\delta : Z \times X \rightarrow Z$ die Übergangs-Abbildung (bzw. Übergangsfunktion),
$\lambda : Z \times X \rightarrow Y$ die Ausgabe-Abbildung (bzw. Ausgabefunktion).

Nach Auffassung ihres Autors eignet sich diese grundsätzliche Darstellung »auch für die Verhaltensforschung, die Psychologie, die Gestaltpsychologie und alle möglichen Arten von Automatismen bzw. Organismen«. Tatsächlich läßt sie sich leicht für Persönlichkeit umformulieren:

$$P = (S, R, Z, \delta, \lambda)$$

Dabei bedeuten:

S = die Menge der auf die Persönlichkeit wirkenden Reize oder die gesamte Lerngeschichte,

R = die Menge der vom Indidium ausgehenden Handlungen oder das Verhaltensinventar,

Z = die Menge der ›Zustände‹ des Individuums oder die Organisationsform sowie der Zusammenhang zwischen diesen Größen, nämlich

δ = die Abhängigkeit eines neuen Zustandes vom vorausgehenden und den bestehenden Einflüssen oder die Wirkung der Einflüsse ›nach innen‹, und schließlich

λ = die Abhängigkeit des Verhaltens vom gegenwärtigen Zustand und von äußeren Einflüssen oder Wirkung der Einflüsse ›nach außen‹.

Unter dieser Auffassung lassen sich die meisten der besprochenen Auffassungen von Persönlichkeit zusammenfassen, ihre Einseitigkeiten umgehen und daraus resultierende Widersprüche vermeiden. Strukturale Momente sind im Systemkonzept ebenso enthalten wie dynamische und feldtheoretische. Ganzheit, Offenheit und Variabilität sind in den Voraussetzungen enthalten.

Mit dem technischen Analogon des Automaten soll nicht einer mechanistischen Betrachtung von Persönlichkeit das Wort geredet werden. Der Systemgedanke läßt sich auch an einem rein personalistischen Modell aufzeigen, in welchem Vernon seine Überlegungen zusammenfaßt (vgl. Abb. 21).

»Persönlichkeit ist eine Kette, die an vielen Gliedern willkürlich aufgebrochen und studiert werden kann ... Die objektiven Glieder sind durch Quadrate dargestellt, die konzeptuellen durch abgerundete Figuren und die hypothetischen inneren Dispositionen durch eine gestrichelte Figur. Alle Teile des Systems integrieren, was nur schwierig mit Pfeilen dargestellt werden kann.«

Dieses personalistische System kann leicht in das Automatenmodell transformiert werden. Alle in beiden enthaltenen Elemente entsprechen sich so offensichtlich, daß dies nicht weiter ausgeführt zu werden braucht. An ihm wird aber zusätzlich die noch fehlende der aus den besprochenen Persönlichkeitsaspekten abgeleiteten Gemeinsamkeiten deutlich: die Individualität der jeweils persönlichen Konzepte.

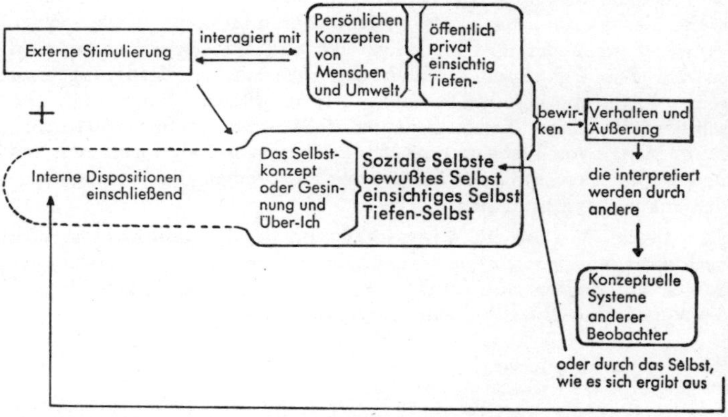

Abb. 21: Das System Persönlichkeit (nach Vernon, 1964, S. 241)

Hier schließlich läßt sich auch die Brücke von den Persönlichkeitsaspekten zu den begrifflichen Einheiten ihrer Analyse schlagen. Denn anstelle der persönlichen Konzepte im Modell von Vernon lassen sich ohne weiteres Einstellungen setzen, die sich unseren Überlegungen zufolge als die bisher brauchbarsten analytischen Einheiten für die Erklärung individuellen Verhaltens erwiesen haben. Persönlichkeit wird erklärbar als ein System von Einstellungen, letztere aber im neuen Sinne des Wortes. Dies freilich ist noch mehr Programm als ausgeführte wissenschaftliche Arbeit.

VI. Zusammenfassung

1. Für die zureichende Erklärung von Persönlichkeit ist zusätzlich zu einer geeigneten analytischen Einheit für den Bedingungssatz individuellen Verhaltens der Aspekt von ausschlaggebender Bedeutung, unter welchem Persönlichkeit als Gegenstand der Forschung gesehen wird.

2. Traditionellerweise wird Persönlichkeit als Struktur, als Prozeß und als Kraftfeld untersucht. Struktur bezieht sich auf den Aufbau der Persönlichkeit, Prozeß auf ihre Dynamik und Feld meint die Gesamtheit der gleichzeitig bestehenden Tatsachen, aus denen Verhalten entspringt.

3. Die Gemeinsamkeiten, die sich aus diesen Betrachtungsweisen analysieren lassen und sich unabhängig vom einzelnen Aspekt für die Erklärung von Verhalten als erforderlich erweisen, nämlich Ganzheit und Einmaligkeit der Person, Umweltbezogenheit sowie Konstanz und Wandel individuellen Verhaltens, führen zu einer Betrachtungsweise der Persönlichkeit als System. Sie umschließt die einzelnen Aspekte, vermeidet ihre Einseitigkeiten und Widersprüche und wird sowohl dem Phänomen als auch den theoretischen Forderungen zu seiner Erklärung gerecht. Persönlichkeit als offenes, dynamisches und selbstregulierendes System bedeutet dabei eine (im mathematischen Sinn) Menge von Elementen und eine Menge von Relationen zwischen ihnen. Die Elemente oder Subsysteme entsprechen den vorausgehenden analytischen Einheiten.

Auf diesem Weg ist die Wissenschaft von der Persönlichkeit freilich noch nicht sehr weit fortgeschritten. Ihn weiterzugehen verspricht aber derzeit am ehesten eine Annäherung an das Ziel der Erklärung und des Verständnisses individuellen Verhaltens.

Weiterführende Literatur[54]:

Thomae (1968).

Anmerkungen

1 Vgl. dazu die programmatische Schrift ›Psychology as the behaviorist views it‹, Psychol. Rev., 20, 1913, S. 158–177.

2 Schon Kant versuchte in seiner Schrift »Über den Gemeinspruch: ›Das mag in der Theorie richtig sein, taugt aber nicht für die Praxis‹ « diesem Mißverständnis abzuhelfen. Neuerdings prägte Lewin das Wort, daß es nichts so eminent Praktisches gäbe wie eine gute Theorie.

3 Der spätere Ausbau dieser Ausgangshypothese durch Festinger, seine Schüler und andere Gleichgewichtstheoretiker berechtigt diese Bezeichnung auch bis zu einem gewissen Maße; doch fehlt immer noch der Bezug zu anderen theoretischen Annahmen.

4 Damit entfällt der traditionelle Gegensatz zwischen erklären und verstehen, denn Bedingungen des Verhaltens können – wie später ausgeführt wird – auch seine Ziele sein, und verstehen kann nichts anderes heißen, als eben diese Bedingungen zu kennen.

5 Dieser Theoriebegriff ist freilich nicht der einzige anerkannte in der Persönlichkeitspsychologie, doch kann auf eine weitere Diskussion hier nicht eingegangen werden.

6 Der so vielgepriesene gesunde Menschenverstand ist in der Wissenschaft etwa ebenso nützlich wie das gesunde Volksempfinden in der Rechtsprechung; z. B. folgt die wissenschaftliche Vorstellung vom Aufbau der Welt aus Atomen bzw. Molekülen ganz anderen Prinzipien als den im gesunden Menschenverstand herrschenden.

7 Vgl. dazu Leinfellner, 1965.

8 Diese Forderungen stehen im Widerspruch zu Ausführungen von Kuhn (1967), in welchen ein Theorienpluralismus gefordert wird; jedoch kann auch dieser Widerspruch in vorliegendem Zusammenhang nicht diskutiert werden.

9 Vgl. dazu das Darmstädter Gespräch von 1958, publiziert in Franzen (1959).

10 Sie wurde in heute noch gültiger Form von Bühler (1929) analysiert. Das gleiche Thema wurde erneut von Wellek (1959) aufgegriffen.

11 Die Wesensschau als qualitative, intuitive Methode will nach den Worten Schelers »in reiner Schauung, etwa von Wahrnehmung zu Wahrnehmung blickend, zur Gegebenheit bringen, was Wahrnehmung an sich ist und so das Wesen der Wahrnehmung schauend erfaßt«.

12 Watson begründete seine Lehre vor allem auf den Forschungen des russischen Reflexologen Pawlow und seiner Schule.

13 Die »sekundäre Rationalisierung« bezieht sich darauf, daß ein in Hypnose gegebener Befehl nach dem Erwachen zwar nicht erinnert, aber häufig dennoch ausgeführt wird. Befragt, warum dies getan wurde, gibt der Hypnotisierte eine plausibel scheinende Erklärung.

14 Die Eigengesetzlichkeit, der die Wahrnehmung unterliegt, beschreibt Metzger (1953); über soziale Einflüsse auf die Wahrnehmung berichtet zusammenfassend Graumann (1956).

15 Auch die Registrierung bestimmter Phänomene durch Geräte ist natürlich Beobachtung im wissenschaftlichen Sinne des Wortes.

16 Vgl. dazu Müller (1961).

17 Daß extreme Reizverarmung relativ schnell subjektiv unerträglich wird und sogar zu psychoseähnlichen Erscheinungen führt, ließe sich z. B. ohne entsprechende Experimente nicht vorhersagen.

18 Vgl. die Untersuchungen von Hartshorne und May, berichtet von Allport, 1949, S. 255 ff.

19 Z. B. lassen sich Standardwerte, die nach dem Intelligenz-Struktur-Test von Amthauer gewonnen wurden, nach einem entsprechenden Verfahren in Intelligenzquotienten im Sinne von Wechsler transformieren. Unterschiede zu tatsächlich mit dem Hamburg-Wechsler-Intelligenztest für Erwachsene gemessenen Werten ergeben sich dann nur in den Grenzen, welche durch die Zuverlässigkeit beider Verfahren gesetzt sind.

20 Zusammenfassend in deutscher Sprache: Lienert (1961) und Fischer (1968).

21 Schichtmodelle der Persönlichkeit werden zusammenfassend dargestellt von Gilbert und kritisiert von Eysenck in David und v. Bracken (1959).

22 Solche Probleme beschränken sich nicht nur auf rein mathematische Aufgaben, sondern gehen weit in den Bereich hinein, den man als ›Denken‹ bislang dem Menschen vorbehalten hatte.

23 Unter Kovariabilität wird die nach Richtung und Größe gleichsinnige Ausprägung zweier Merkmale verstanden.

24 Z. B. ist es in christlichen Gesellschaften möglich, gleichzeitig das Töten zu verbieten und zum Töten bestimmte Waffen zu segnen.

25 Amerikanisch ›behavior‹, deswegen die Bezeichnung dieser Forschungsrichtung als ›Behaviorismus‹. Interessant ist, daß häufig in der amerikanischen Literatur dann, wenn von komplexerem Verhalten die Rede ist, nicht der Terminus ›behavior‹, sondern ›conduct‹ gebraucht wird.

26 Die Einschränkung, daß es sich dabei nicht um die Beobachtung konkreten Verhaltens, sondern um die Aussagen der Befragten über ihr Verhalten handelt, ist gewiß erforderlich, sie würde das Problem aber nur auf eine andere Ebene verschieben.

27 Mit einer Erhöhung des Neurotizismusfaktors geht bei gleichem Intelligenzniveau eine Verringerung der Intelligenzfaktoren, also eine Entdifferenzierung der Intelligenz parallel.

28 Auch wenn man von der Annahme individueller Eigenschaften (Allport) oder der Tatsache jeweils individuell erworbener Habits (wie bei den Behavioristen) absieht, bleibt noch die Möglichkeit spezifischer Zusammenhänge bei bestimmten Personengruppen, was Hörmann für das Merkmal ›Rigidität‹ nachgewiesen hat (Hörmann, 1960). Ergeben sich nämlich für rigide Personen hohe Korrelationen zwischen bestimmten Meßreihen, bei nicht rigiden Personen aber keine Korrelationen, würde die Untersuchung über alle eine mittlere Korrelation (und natürlich entsprechende Faktoren) ergeben, die dann für keines der in die Untersuchung eingehenden Individuen kennzeichnend ist.

29 Für nicht englisch sprechende Leser sei die ausführliche Rezension dieses Buches von Hörmann (1961) empfohlen.

30 Die vollständige Liste der von McDougall angenommenen Instinkte oder Triebkräfte lautet: Nahrungssuche, Ekel, Sexualität, Furcht, Neugier, elterliche Fürsorge, Geselligkeit, Selbstbehauptung, Unterwürfigkeit, Zorn, Hilfesuchen, Schaffensdrang, Besitzenwollen, Lachen, Behaglichkeit, Schlafen, Wandern sowie einige einfache Körperfunktionen wie Husten, Niesen, Atmen, Darm- und Blasenentleerung (McDougall, 1947, S. 61).

31 D. h. zwischen Reiz und Reaktion tretende Einflüsse, die zum

Zwecke besserer Erklärung der Phänomene angenommen werden müssen, vgl. auch S. 37.

32 Wird ausführlicher in späterem Zusammenhang besprochen; vgl. S. 116.

33 Triebkraft steht als Übersetzung für ›propensity‹. Diesen Begriff hat McDougall in seinen späteren Schriften anstelle von Instinkt gebraucht, weil der Instinktbegriff starker Kritik ausgesetzt war.

34 a priori steht dabei aber offensichtlich nicht für strenge philosophische Bedeutung (aller Erfahrung zugrunde liegend), sondern meint, wohl auf allgemeiner Erfahrung basierend, aber dann willkürlich gesetzt.

35 So vor allem dem Gesetz von der Erhaltung der Energie.

36 Z. B. von Lundberg, 1939, S. 11. Die Phlogiston-Theorie der Chemie vor etwa 200 Jahren nahm an, daß in jedem brennbaren Körper der hypothetische Stoff Phlogiston enthalten sei. Selbst Priestley, dem die Entdeckung des Sauerstoffs zugeschrieben wird, hielt an dieser Theorie fest. Analog wird heute eine überflüssige und in die Irre leitende wissenschaftliche Annahme als Phlogiston-Theorie bezeichnet.

37 Dahrendorf (1964, S. 31) unterscheidet Muß-, Soll- und Kann-Erwartungen sowie positive und negative Sanktionen (Belohnung und Bestrafung). Eine negative Sanktion z. B. bei einem Verstoß gegen Muß-Erwartungen ist die gerichtliche Bestrafung, ein Verstoß gegen Soll-Erwartungen zieht sozialen Ausschluß nach sich und ein Nichterfüllen von Kann-Erwartungen führt zu einem geringeren Geschätztwerden oder zu Antipathie.

38 Zusammenfassend bei Tenbruck (1961).

39 Information ist dabei nicht in der umgangssprachlichen, sondern in der informationstheoretischen Bedeutung des Wortes gebraucht; den Begriff aber in diesem Sinne zu definieren, würde in vorliegendem Zusammenhang zu weit führen.

40 So z. B. in der nicht-direktiven Therapie im Sinne von Rogers (1951). In deutscher Sprache dargestellt von Tausch (1956).

41 Auf diesen Überlegungen dürften die späteren speziellen Gleichgewichtstheorien beruhen, die zusammenfassend von Irle (1967) dargestellt werden.

42 In einer eigenen Untersuchung (Roth, 1967 b) wurde ein einfaches Verfahren zur Selbsteinschätzung erfolgreich angewandt; die damit gewonnenen Ergebnisse wurden von Neubauer (1967) analysiert.

43 ›Wechselbeziehung‹ und ›Interrelation‹ werden im folgenden alternierend für die gemeinte Abhängigkeit der Verhaltensbedingungen voneinander gebraucht. Der dafür sonst in der Literatur noch auftauchende Begriff ›Interaktion‹ wird dagegen vermieden und für die Bezeichnung der Beziehung zwischen Personen reserviert (vgl. das Rollenkapitel).

44 Auf die Abhandlung der Typologien, die üblicherweise im Rahmen der Persönlichkeitspsychologie erfolgt, muß hier aus Raumgründen verzichtet werden. Eine zusammenfassende Darstellung gibt Strunz (1960).

45 Diese Zusammenhänge werden systematisch als ›Selektivität der Wahrnehmung‹ untersucht.

46 Dominanz erscheint nicht nur in phänomenologischen Eigenschaftstheorien der Persönlichkeit, sondern wurde auch in mehreren Faktorenanalysen unabhängig voneinander als Faktor isoliert.

47 Für Wellek, der Struktur in ›induktiver Ontologie‹ erschließen will, wird im Anschluß an seinen Lehrer Krüger Struktur so bedeutsam, daß praktisch die gesamte Psychologie ›Strukturpsychologie‹ wird.

48 Neologismus aus den griechischen Worten für innen und Empfindung, Gefühl, Gemüt.

49 Von den philosophischen Vorbildern wird nicht nur die Tatsache der Schichtung selbst, sondern auch das Abhängigkeitsverhältnis der einzelnen Schichten untereinander übernommen: Die jeweils höhere Schicht hängt in ihrer Funktion wohl von der darunterliegenden ab, beinhaltet aber auch etwas ganz Neues und ist insofern autonom.

50 Beide Aspekte sieht Thomae nicht isoliert, sondern sie begründen erst in ihrem Zusammenwirken die Dynamik der Persönlichkeit.

51 Topologie oder topologische Geometrie ist jener Zweig der Mathematik, der die räumlichen Beziehungen zwischen Gebilden ohne Rücksicht auf deren Form und Größe behandelt.

52 Nach Freud verfügt das Ich, das die Realitätsanpassung zu leisten hat, über die Funktionen der Wahrnehmung und der Motorik.

53 Mit der Durchlässigkeit der Grenzen der Person wird topologisch die Möglichkeit der Beziehung zwischen Person und Umwelt symbolisiert.

54 Auf dieses Buch konnte im Text nicht mehr Bezug genommen werden, da es erst bei Abschluß des Manuskriptes erschienen ist.

Verzeichnis der Abbildungen

1 Grundschema der Methoden in der differentiellen Psychologie 15

2 Zahlenstrahl a) mit gleichabständiger b) mit ungleichabständiger Zahlenfolge 27

3 Arten von Wesenszügen, die verschiedenen Persönlichkeitsbereichen zugehören 41

4 Schema eines Habit als Reizreaktionszusammenhang 49
5 Schematische Darstellung der Bildung eines bedingten Reflexes 50
6 Persönlichkeitsmodell nach Watson 51
7 Die Abhängigkeit der Bejahung des Satzes »Intime geschlechtliche Beziehungen gehören grundsätzlich nur in die Ehe« von der Häufigkeit des Kirchganges 53
8 Die Kombination von Bedingungen zweier Variabler 58
9 Schematische Darstellung der Lage von Faktoren in Vektorenbündeln 60
10 Individuen dargestellt als Schnittpunkte von Koordinaten .. 61
11 Die Bedeutung der Faktoren Zyklothymie und Dominanz .. 64
12 Das System persönlicher Konzepte oder das phänomenale Feld 92
13 Strukturmodell nach Freud 117
14 Strukturmodell nach Lersch 119
15 Faktoren- und Eigenschaftsmodell der Persönlichkeit nach Allport 121
16 Der Lebensraum als eine ›dynamisch nicht geschlossene‹ Welt 125
17 Situation eines Jungen, der Arzt werden möchte 126
18 Topologie einer Person 126
19 Positives zentrales Kraftfeld, das einer positiven Valenz entspricht 127
20 Persönlichkeit als strukturiertes Organismus-Umwelt-Feld .. 128
21 Das System Persönlichkeit 135

Literaturverzeichnis

Ach, N.: Über die Willenstätigkeit und das Denken. Göttingen 1905.

Albert, H. (Hg.): Theorie und Realität. Tübingen 1964.

Allport, G. W.: Pattern and Growth in Personality. London, New York: Holt, Rinehart and Winston, Inc., 1963.

—: Werden der Persönlichkeit. Bern, Stuttgart 1958 (Enzyklopädie der Psychol., Bd. I).

—: Persönlichkeit. Struktur, Entwicklung und Erfassung der menschlichen Eigenart. Stuttgart 1949.

—, *Vernon, P. E., Lindzey, G.:* Study of values. Boston: Houghton Mifflin, 1951.

Atkinson, J. W.: An introduction to motivation. Princeton, New Jersey: van Nostrand, 1964.

Bergius, R.: Behavioristische Konzeptionen zur Persönlichkeitstheorie. In: Lersch, Ph., Thomae, H. (Hg.): Persönlichkeitsforschung und Persönlichkeitstheorie. Göttingen 1960 (Hdb. d. Psychol., Bd. IV) S. 475–541.

Bergler, R.: Die psychologische Struktur der Leitbilder Jugendlicher. Vita humana 5 (1962) S. 34–60.

Biddle, J., Thomas, B. J. (Hg.): Role Theory: Concepts and Research. New York: Wiley, 1966.

Bolte, K. M., Kcppe, D., Neidhardt, F.: Soziale Schichtung. Opladen 1966.

Breuer, J., Freud, S.: Studien über Hysterie. Leipzig, Wien 1895.

Brown, J. S.: Kriterien zur Bestimmung von Motivationsvariablen. In: Thomae, H. (Hg.): Die Motivation menschlichen Handelns. Köln, Berlin 1966. S. 52–54.

Bühler, K.: Die Krise der Psychologie. 2. Aufl. Jena 1929.

Campbell, N. R.: Symposium: Measurement and its importance for philosophy. Aristotelian Soc. Suppl. Vol. 17, 1938.

Carnap, R.: Introduction to Semantics. Cambridge, 1948.

Carr, H. A., Kingsbury, F. A.: The concepts of traits. Psych. Rev. 45 (1938).

Cattell, R. B.: An Introduction to Personality Study. London: Hutchinson's Univ. library, Hutchinson's House, 1950.

—: Personality and Motivation. Structure and Measurement. Jonkers-on-Hudson, New York: World Book Comp., 1957.

Colby, K. M.: Computer simulation of a neurotic process. In: Tomkins, S. S., Messich, S. (Hg.): Computer simulation of personality. New York, London: Wiley, 1963. S. 165–179.

Dahrendorf, R.: Homo Sociologicus. Ein Versuch zur Geschichte, Bedeutung und Kritik der Kategorie der sozialen Rolle. 4. Aufl. Köln, Opladen 1958.

English, H. B., English, A. Ch.: A comprehensive Dictionary of Psychological and Psychoanalytical Terms. Toronto, London, New York: Longmans, Green & Co., 1958.

Eysenck, H. J.: Charakterologie, Schichtentheorie und Psychoanalyse: eine kritische Betrachtung. In: von Bracken, H., David, H. P. (Hg.): Perspektiven der Persönlichkeitstheorie. Bern, Stuttgart 1959. S. 248–256.

—: Dimensions of Personality. 5. Aufl. London: Routledge & Kegan Paul Ltd., 1961.

Festinger, L.: Conflict, Decision and Dissonance. Stanford, Cal.: Stanford University Press, 1964.

Fischer, G. H. (Hg.): Psychologische Testtheorie. Bern, Stuttgart 1968.

Foppa, K.: Lernen, Gedächtnis, Verhalten. Köln, Berlin 1965.

Franzen, E. (Hg.): Ist der Mensch meßbar? Darmstadt 1959.

Freud, S.: Gesammelte Werke. Bd. 13. London: Imago Publishing Co. Ltd. L., 1940 a.

—: Gesammelte Werke. Bd. 15. London: Imago Publishing Co. Ltd. L., 1940 b.

—: Gesammelte Werke. Bd. 17. London: Imago Publishing Co. Ltd. L., 1941.

Fuchs, R.: Motivation und neurophysiologische Steuerung des Humanverhaltens. Z. exp. angew. Psychol. XIV (1967) S. 218–237.

Gilbert, A. R.: Das Schichtenmodell der Persönlichkeit. In: von Bracken, H., David, H. P. (Hg.): Perspektiven der Persönlichkeitstheorie. Bern, Stuttgart 1959. S. 180–195.

Graumann, C. F.: Social perception. Die Motivation der Wahrnehmung in neueren amerikanischen Untersuchungen. Z. exp. angew. Psychol. III (1956) S. 605–661.

—: Eigenschaften als Problem der Persönlichkeitsforschung. In: Lersch, Ph., Thomae, H. (Hg.): Persönlichkeitsforschung und Persönlichkeitstheorie. Göttingen 1960 (Hdb. d. Psychol., Bd. IV). S. 87–154.

Groffmann, K. J., Wewetzer, K. H.: Person als Prozeß. Bern, Stuttgart 1968.

Gross, N., Mason, W. S., McEachern, S. W.: Explorations in Role Analysis. Studies of the School Superintendency Role. New York: Wiley, 1958.

Guilford, J. P.: Persönlichkeit. Logik, Methodik und Ergebnisse ihrer quantitativen Erforschung. Weinheim 1964.

—: Psychometric Methods. 2. ed. New York, Toronto, London: McGraw-Hill Book Comp., 1954.

Händler, W.: Die Behandlung von Aufgaben in der Kybernetik mit Hilfe der Automatentheorie. In: Fortschritte der Kybernetik (Bericht über die Tagung der Arbeitsgemeinschaft Kybernetik in Kiel, 1965). Oldenburg 1967. S. 29–41.

Hartmann, N.: Das Problem des geistigen Seins. Berlin 1933.

Hartshorne, H., May, M.: Studies in the nature of charakter. 3 Bd. New York: Macmillan, 1928–1930.

Harvey, O. J., Hunt, D. E., Schroder, H. M.: Conceptual Systems and Personality Organisation. New York: Wiley, 1961.

Hebb, D. O.: Organisation of Behavior. New York: Wiley, 1949.

—: Die Triebe und das C. N. S. (Conceptual nervous system). In: Thomae, H. (Hg.): Die Motivation menschlichen Handelns. Köln, Berlin 1965. S. 431–447.

Heckhausen, H.: Hoffnung und Furcht in der Leistungsmotivation. Meisenheim 1963.

Heider, F.: The psychology of interpersonal relations. New York: Wiley, 1958.

Heiß, R.: Person als Prozeß. In: Allesch, J. et al. (Hg.): Kongreßbericht Berufsverb. dtsch. Psychol. Hamburg 1948. S. 11–25.

Helm, J.: Über Gestalttheorie und Persönlichkeitspsychologie. In: Lersch, Ph., Thomae, H. (Hg.): Persönlichkeitsforschung und Persönlichkeitstheorie. Göttingen 1960 (Hdb. d. Psychol. Bd. IV). S. 357–436.

Heyde, J. E.: Entwertung der Kausalität? Für und Wider den Positivismus. Stuttgart 1957.

Hilgard, E. R.: Theories of Learning. 2. Aufl. New York: Appleton-Century-Crofts, 1956.

—: Human motives and the concept of the self. American Psychologist 4 (1949) S. 374–382.

Hofstätter, P. R.: Gruppendynamik. Die Kritik der Massenpsychologie. Hamburg 1957.

—: Tiefenpsychologische Persönlichkeitstheorien. In: Lersch, Ph., Thomae, H. (Hg.): Persönlichkeitsforschung und Persönlichkeitstheorie. Göttingen 1960 (Hdb. d. Psychol. Bd. IV). S. 542–586.

—: Psychologie und Mathematik. Studium Generale, VI (1953) S. 652 bis 662.

Hörmann, H.: Konflikt und Entscheidung. Göttingen 1960.

—: Kritische Buchbesprechung. R. B. Cattell, Personality and Motivation Structure and Measurement. Z. exp. angew. Psychol. 8 (1961) S. 320–328.

Horn, J. L.: Motivation and Dynamic Calculus Concepts from Multivariate Experiment. In: Cattell, R. B. (Hg.): Handbook of Multivariate Experimental Psychology. Chicago: Rand McNally & Comp., 1966. S. 611–641.

Hull, C. L.: Principles of Behavior. New York: Appleton-Century-Crofts, 1943.

—: Essentials of behavior. New Haven: Yale Univ. Press, 1951.

Irle, M.: Entstehung und Änderung von sozialen Einstellungen (Attitüden). In: Merz, F. (Hg.): Kongreßbericht d. Dtsch. Ges. f. Psychol., Münster 1966. Göttingen 1967.

James, W.: The principles of Psychology. New York: Henry Holt, 1890.

Jung, C. G.: Psychologische Typen. 9. Aufl. Zürich, Stuttgart 1960.

Kelly, G. A.: The Psychology of Personal Constructs. New York: Norton, 1955.

Klaus, G.: Wörterbuch der Kybernetik. Berlin 1968.

Koch, M.: Die Begriffe Person, Persönlichkeit und Charakter. In: Lersch, Ph., Thomae, H. (Hg.): Persönlichkeitsforschung und Persönlichkeitstheorie. Göttingen 1960 (Hdb. d. Psychol. Bd. IV). S. 3 bis 29.

Krech, D., Crutchfield, R. S., Ballachey, E. L.: Individual in Society. New York, San Francisco, Toronto, London: McGraw-Hill Comp., Inc., 1962.

Kuhn, Th. S.: Die Struktur wissenschaftlicher Revolutionen. Frankfurt/M. 1967.

Külpe, O.: Versuche über Abstraktion. Bericht über den I. Kongreß f. exp. Psychol., Gießen 1904. Leipzig 1904. S. 56–68.

Leinfellner, W.: Einführung in die Erkenntnis- und Wissenschaftstheorie. Mannheim 1965.

Lersch, Ph.: Aufbau der Person. 8. Aufl. München 1962.

Levinson, D. J.: Role, Personality and Social Structure. In: Coser, L. A., Rosenberg, B.: Sociological Theory. 2. ed. New York: Macmillan, 1966. S. 284–297.

Lewin, K.: Feldtheorie in den Sozialwissenschaften. Ausgewählte theoretische Schriften. Bern, Stuttgart 1963.

—: Principles of Topological Psychology. New York, London: McGraw-Hill Book Comp., Inc., 1936.

—: Gesetz und Experiment in der Psychologie. Berlin 1927.

Lienert, G. A.: Testaufbau und Testanalyse. Weinheim 1961.

—: Die Faktorenstruktur der Intelligenz als Funktion des Intelligenzniveaus. Kongreßbericht d. Dtsch. Ges. f. Psychol. Göttingen 1960. S. 138–140.

Lohr, W.: Soziale Rollen und die Analyse der Person und ihrer Umwelt. In: Heckhausen, H. (Hg.): Kongreßbericht d. Dtsch. Ges. f. Psychol. Göttingen 1965. S. 38–43.

Lundberg, G. A.: Foundations of Sociology. New York: The Macmillan Comp., 1939.

MacCorquodale, K., Meehl, P. E.: On a distinction between hypothetical constructs and intervening variables. Psychol. Rev. 55 (1948) S. 95–107.

Maslow, A. H.: Motivation and Personality. New York: Harper, 1954.

McClelland, D. C., Atkinson, J. W., Clark, R. A., Lowell, E. L.: The achievement motive. New York: Appleton-Century-Crofts, 1953.

—: Die Leistungsgesellschaft. Stuttgart 1966.

—: Personality. New York: Dryden, 1951.

McDougall, W.: Aufbaukräfte der Seele. Grundriß einer dynamischen Psychologie und Pathopsychologie. 2. Aufl. Stuttgart 1947.

Merton, R. K.: Social Theory and Social Structure. Illinois: The Free Press of Glencoe, 1957.

Merz, F.: Über die soziale Determination von ›Eigenschaften‹. Jb. d. Psychol. u. Psychotherapie 5 (1958) S. 293–309.

Metzger, W.: Gesetze des Sehens. Frankfurt/M. 1953.

—: Das Experiment in der Psychologie. Studium Generale V (1952) S. 142–162.

Mittenecker, E.: Die quantitative Analyse der Persönlichkeit. In: Lersch, Ph., Thomae, H. (Hg.): Persönlichkeitsforschung und Persönlichkeitstheorie. Göttingen 1960 (Hdb. d. Psychol. Bd. IV). S. 59–84.

Müller, H. A.: Die Verwendung der Interaktionskategorien von Bales beim Gruppenfertigungsversuch. Psychol. Rundschau 4 (1961) S. 251–263.

Murphy, G.: Personality. A Biosocial Approach to its Origins and Structure. New York, London: Harper, 1947.

Neubauer, W. F.: Selbsteinschätzung und Idealeinschätzung junger Arbeiter als Gegenstand sozialpsychologischer Verhaltensforschung. Inaugural-Dissertation. Erlangen–Nürnberg 1967.

Newcomb, T. M.: Sozialpsychologie. Meisenheim 1959.

Pawlik, K.: Dimensionen des Verhaltens. Eine Einführung in die Methodik und Ergebnisse faktorenanalytischer psychologischer Forschung. Bern, Stuttgart 1968.

Revers, W. J., Taeuber, K.: Der Thematische Apperzeptionstest (TAT). 2. Aufl. Bern, Stuttgart 1968.

—: Philosophisch orientierte Theorien der Person und Persönlichkeit. In: Lersch, Ph., Thomae, H. (Hg.): Persönlichkeitsforschung und Persönlichkeitstheorie. Göttingen 1960 (Hdb. d. Psychol. Bd. IV). S. 391–436.

Rogers, C. R.: Client-centered Therapy. Boston: Houghton Mifflin, 1951.

—: A theory of therapy, personality and interpersonal relationships, as developed in the client-centered framework. In: Lindzey, G., Hall, C. S. (Hg.): Theories of Personality: Primary Sources and Research. New York, London, Sydney: Wiley and Sons, Inc., 1965. S. 469–509.

Rohracher, H.: Steuerung des Verhaltens durch Einstellung. In: Heckhausen, H. (Hg.): Kongreßbericht d. Dtsch. Ges. f. Psychol. Göttingen 1965.

—: Einführung in die Psychologie. 8. Aufl. Wien, Innsbruck 1963.

Roth, E.: Die Geschwindigkeit der Verarbeitung von Information und ihr Zusammenhang mit Intelligenz. Z. exp. angew. Psychol. XI (1964) S. 616–622.

—: Einstellungen als Determination individuellen Verhaltens. Göttingen 1967 a.

—: Einstellungen, Selbst- und Idealeinschätzung junger Arbeiter. In: Scharmann, Th. (Hg.): Lebensplanung und Lebensgestaltung junger Arbeiter in Deutschland und der Schweiz. Bern, Stuttgart 1967 b. S. 101–174.

—: Über die Begriffsbildung in der Persönlichkeitspsychologie. Jb. Psychol., Psychotherapie und med. Anthrop. X (1963) S. 139–148.

Rothacker, E.: Die Schichten der Persönlichkeit. 4. Aufl. Bonn 1948.

Salber, W.: Qualitative Methoden der Persönlichkeitsforschung. In: Lersch, Ph., Thomae, H. (Hg.): Persönlichkeitsforschung und Persönlichkeitstheorie. Göttingen 1960 (Hdb. d. Psychol. Bd. IV). S. 30–58.

Sarbin, Th. R.: Role Theory. In: Lindzey, G. (Hg.): Handbook of Social Psychology. London: Addinson Wesley Publishing Comp., 1954. S. 223–258.

Scharmann, Th.: Psychologische Beiträge zu einer Theorie der sozial-individualen Integration. In: Wurzbacher, G. (Hg.): Der Mensch als soziales und personales Wesen. Bd. I. Stuttgart 1963. S. 35–56.

—: Schule und Beruf als Sozialisationsfaktoren. In: Scharmann, Th. (Hg.): Der Mensch als soziales und personales Wesen. Bd. II. Stuttgart 1966.

Schmidtke, H.: Grundlagen physiologischer Motivationstheorien. In: Thomae, H. (Hg.): Allgemeine Psychologie, II Motivation. Göttingen 1965 (Hdb. d. Psychol. Bd. II). S. 705–736.

Sixtl, F.: Meßmethoden der Psychologie. Theoretische Grundlagen und Probleme. Weinheim 1967.

Snygg, D., Combs, A. W.: Individual Behavior. New York: Harper, 1949.

Spinner, H. F.: Modelle und Experimente. In: Grochla, E. (Hg.): Handwörterbuch der Organisation. Stuttgart 1968.

Spranger, E.: Lebensformen, Geisteswissenschaftliche Psychologie und Ethik der Persönlichkeit. 8. Aufl. Tübingen 1950.

Steinbuch, K.: Automat und Mensch. Über menschliche und maschinelle Intelligenz. Berlin, Göttingen, Heidelberg 1965.

Stern, W.: Die differenzielle Psychologie und ihre methodischen Grundlagen. 3. Aufl. Leipzig 1921.

Stevens, S. S.: Mathematics, measurement and psychophysics. In: Stevens, S. S. (Hg.): Handbook of experimental psychology. New York: Wiley, 1951.

Strunz, K.: Das Problem der Persönlichkeitstypen. In: Lersch, Ph., Thomae, H. (Hg.): Persönlichkeitsforschung und Persönlichkeitstheorie. Göttingen 1960 (Hdb. d. Psychol. Bd. IV). S. 155–221.

Tausch, R., Tausch, A.: Kinderpsychotherapie in nicht-direktiven Verfahren. Göttingen 1956.

Tenbruck, F. H.: Zur deutschen Rezeption der Rollentheorie. Kölner Z. Soziol. u. Soz.-Psychol. 13 (1961) S. 1–40.

Thomae, H.: Beobachtung und Beurteilung von Kindern und Jugendlichen. Basel 1954.

—: Persönlichkeit. Eine dynamische Interpretation. Bonn 1955.

—: Das Problem der Konstanz und Variabilität der Eigenschaften. In: Lersch, Ph., Thomae, H. (Hg.): Persönlichkeitsforschung und Persönlichkeitstheorie. Göttingen 1960 (Hdb. d. Psychol. Bd. IV). S. 281–357.

—: Die Bedeutung des Motivationsbegriffes. In: Thomae, H. (Hg.): Allgemeine Psychologie, II Motivation. Göttingen 1965 (Hdb. d. Psychol. Bd. II). S. 3–44.

—: Das Individuum und seine Welt. Eine Persönlichkeitstheorie. Göttingen 1968.

Thurstone, L. L.: Multiple Factor-Analysis. 5. ed. Chicago: The University of Chicago Press, 1957.

Toman, W.: Dynamik der Motive. Frankfurt/M., Wien 1954.

—: Familienkonstellationen. Ihr Einfluß auf den Menschen und seine Handlungen. München 1965.

Tomkins, S. S., Messick, S. (Hg.): Computer Simulation of personality. New York, London: Wiley, 1963.

Torgerson, W. S.: Theory and Methods of scaling. New York: Wiley, 1958.

Traxel, W.: Einführung in die Methodik der Psychologie. Bern, Stuttgart 1964.

Vernon, P. E.: Personality Assessment. A Critical Survey. Frome, London: Methuen's Manuals of Modern Psychology, 1964.

Vukovich, A. F.: Die Simulierung des Problemlösens auf logischen Automaten. In: Kongreßbericht d. Dtsch. Ges. f. Psychol., Münster 1966. Göttingen 1967.

Watson, J. B.: Psychology as the behaviorist views it. Psychol. Rev. 20 (1913) S. 158–177.

—: Behaviorism. Chicago: The Univ. of Chicago Press, 1930.

Wellek, A.: Die Polarität im Aufbau des Charakters. Bern 1950.

—: Ganzheitspsychologie und Strukturtheorie. Bern 1955.

—: Der Rückfall in die Methodenkrise der Psychologie und ihre Überwindung. Göttingen 1959.

Wolf, F., Schmitt, A.: Modelle lernender Automaten. Braunschweig 1966.

Wrong, D. H.: The Oversocialized Conception of Man in Modern Sociology. In: Smelser, N. J., Smelser, W. T.: Personality and Social Systems. New York, London: Wiley, 1959. S. 68–79.

Wurzbacher, G., et al.: Der Pfarrer in der modernen Gesellschaft. Soziologische Studie zur Berufssituation des evangelischen Pfarrers. Hamburg 1960.

—: Sozialisation – Enkulturation – Personalisation. In: Wurzbacher, G. (Hg.): Der Mensch als soziales und personales Wesen. Stuttgart 1963. S. 1–34.

Wylie, R. C.: The Self-Concept. Lincoln, Neb.: University of Nebraska Press, 1961.

Autorenverzeichnis

Ach, N. 35, 141
Adler, A. 35, 70
Albert, H. 32, 141
Allport, G. W. 10, 35, 44–47, 77, 89–91, 96, 120 f., 123, 137 f., 141
Amthauer, R. 137
Atkinson, J. W. 72 f., 76 f., 141, 145

Bales, R. F. 20
Ballachey, E. L. 69, 91, 96, 106, 144
Bergius, R. 51, 54, 142
Bergler, R. 100, 142
Bessel, F. W. 35
Biddle, J. 89, 142
Bolte, K. M. 100, 142
Bracken, H. von 138
Breuer, J. 22, 142
Brown, J. S. 72, 142
Bühler, K. 32, 137, 142

Campbell, N. R. 24 f., 142
Carnap, R. 43, 142
Carr, H. A. 38, 142
Cattell, R. B. 55, 60, 62 f., 68, 75, 99, 142
Clark, R. A. 76 f., 145
Colby, K. M. 30, 142
Combs, A. W. 93, 95, 101, 147
Crutchfield, R. S. 69, 91, 96, 106, 144

Dahrendorf, R. 83, 139, 142
David, H. P. 138
Dilthey, W. 70

Einstein, A. 124
English, A. Ch. 86, 142
English, H. B. 86, 142
Eysenck, H. J. 99, 118, 138, 142

Festinger, L. 11, 25, 136, 142
Fischer, G. H. 138, 142
Foppa, K. 50, 54, 142
Franzen, E. 137, 142
Freud, S. 19, 22, 70 f., 74–76, 92, 116–118, 122, 140, 143
Fuchs, R. 71, 73, 143

Gehlen, A. 76
Gilbert, A. R. 118, 138, 143
Graumann, C. F. 38, 46, 48, 75, 137, 143
Groffmann, K. J. 122, 143
Gross, N. 84, 143
Guilford, J. P. 25 f., 32, 36, 40 f., 46, 61, 75, 105, 120, 129, 131, 143

Händler, W. 133, 143
Hartmann, N. 118, 143
Hartshorne, H. 46, 137, 143
Harvey, O. J. 91, 143
Hebb, D. O. 33, 71, 143
Heckhausen, H. 70, 143
Heidegger, M. 65
Heider, F. 22, 143
Heiß, R. 122, 143
Helm, J. 73, 124, 130, 144
Heyde, J. E. 77, 144
Hilgard, E. R. 50, 92 f., 96, 144
Hofstätter, P. R. 28, 32, 74, 100, 117, 123, 129 f., 144
Hörmann, H. 138, 144
Horn, J. L. 68, 76, 144
Hull, C. L. 66, 71, 144
Hunt, D. E. 91, 143

Irle, M. 101, 139, 144
James, W. 89, 144
Jung, C. G. 70, 76, 92, 96, 99, 144

Kant, I. 12, 21, 136
Kelly, G. A. 93, 144
Kingsbury, F. A. 38, 142
Klaus, G. 132 f., 144
Koch, M. 32, 144
Koppe, D. 142
Krech, D. 69, 91, 96, 106, 144
Kretschmer, E. 16
Krüger, K. 140
Kuhn, Th. S. 137, 145
Külpe, O. 35, 107, 145

Leinfellner, W. 43, 137, 145
Lersch, Ph. 14, 17, 22, 30, 39, 45, 69, 75 f., 117 f., 120, 145
Levinson, D. J. 87, 145
Lewin, K. 32, 45, 72 f., 124 f., 131, 136, 145
Lienert, G. A. 66, 138, 145
Lindzey, G. 77, 141
Linton, R. 82
Lohr, W. 83, 86, 145
Lowell, E. L. 76 f., 145
Lundberg, G. A. 139, 145

MacCorquodale, K. 37, 145
Maslow, A. H. 76, 145
Mason, W. S. 84, 143
May, M. 46, 137, 143
McClelland, D. C. 76 f., 145
McDougall, W. 71, 74–76, 138 f., 145
McEachern, S. W. 84, 143
Meehl, P. E. 37, 145
Merton, R. K. 86, 145
Merz, F. 44, 102, 145
Metzger, W. 21 f., 32, 137, 145
Mittenecker, E. 32, 146
Müller, H. A. 137, 146
Murphy, G. 128 f., 146
Murray, H. A. 76

Neidhardt, F. 142
Neubauer, W. F. 139, 146
Newcomb, T. M. 82, 146

Pawlik, K. 59, 65, 68, 146
Pawlow, I. P. 49, 137
Priestley, J. 139

Reitzenstein, R. 117
Revers, W. J. 15, 146
Rogers, C. R. 90, 92, 139, 146
Rohracher, H. 17, 20, 68, 109, 146
Roth, E. 44, 53, 85, 104, 107, 114, 139, 146
Rothacker, E. 30, 117, 147

Salber, W. 32, 147
Sarbin, Th. R. 82, 90, 96, 147
Scharmann, Th. 83 f., 147
Scheler, M. 137
Schmidtke, H. 33, 147
Schmitt, A. 30, 148
Schroder, H. M. 91, 143
Sixtl, F. 32, 147
Snygg. D. 93, 95, 101, 147
Spinner, H. F. 30, 32, 147
Spranger, E. 77, 107, 147
Steinbuch, K. 30, 147
Stern, W. 15 f., 147
Stevens, S. S. 25, 147
Strunz, K. 140, 147

Taeuber, K. 15, 146
Tausch, A. 139, 147
Tausch, R. 139, 147
Tenbruck, F. H. 139, 147
Thomae, H. 32 f., 35 f., 45, 69, 72, 81, 123 f., 129, 130 f., 136, 140, 147
Thomas, B. J. 89, 142
Thurstone, L. L. 55, 148
Togerson, W. S. 25, 148
Tolman, E. C. 73
Toman, W. 71, 100, 148
Tomkins, S. S. 148
Traxel, W. 32, 148

Vernon, P. E. 77, 92 f., 95, 97, 134 f., 141, 148
Vukovich, A. F. 30, 148

Watson, J. B. 8, 17 f., 49 f., 53, 137, 148
Wechsler, I. R. 137
Wellek, A. 30, 32, 115, 117, 137, 140, 148
Wewetzer, K. H. 122, 143
Wolf, F. 30, 148
Wrong, D. H. 87, 148
Wundt, W. 21
Wurzbacher, G. 83 f., 148
Wylie, R. C. 97, 148

Sachregister

Ablaufgestalt 132
Additivität 25, 66 f.
Affekt, affektiv 68 f., 106, 109
Aggression, Aggressionstrieb 75, 98
Aktivität 33 ff., 116
Angst 18, 122
Anpassung 53, 86, 116
Anthropologie 14
Antrieb 70 ff.
attitudes 75, 95
Aufmerksamkeit 19, 104
autochthon 53

Bedürfnis, Bedürfnislage 34, 69, 77, 93, 131
Befriedigung 131
Behaviorismus 8, 17, 52, 54, 138
Bekräftigung 72
Beobachtung 12, 14, 17–21, 32, 37, 94; Fremd- 17 f., 20; Selbst- 17 f., 20; Verhaltens- 17
Bewußtsein, 8, 17, 31, 48, 90, 95
causa efficiens 78
causa finalis 78

Charakter, Charakterologie 30, 38, 42, 46, 119, 122
Cortex 118

Deduktion 37
Denken 53, 68, 118, 123, 138
Destruktionstrieb 75, 122
Determinanten, soziale 9, 44, 68, 99 f., 102
Differenzen, individuelle 20, 35
Dimension 55, 67
Disposition 39, 44
Dissonanzen, kognitive 11
Dominanz 61 f., 110, 140
Dynamik, dynamisch 68, 75, 80, 96, 112, 117, 121, 130, 140

Ehrlichkeit 21, 45
Ego 89
Eigenschaften 21, 37 ff., 49, 52, 54, 65, 67 f., 76, 85, 97, 99, 102, 110–114, 120 ff., 129, 138; Bestimmungs-Modi 38, 43; Leistungs- 45; morphologische 41; Verhaltens- 45; Wesens- 45
Eignung 41
Einstellungen 35, 41, 65, 75, 96, 104 ff., 135
Einstellungsskalen 91 f., 96
Emotionalität 63, 65, 69
Empirie 8, 14, 32, 97, 117
Empfindung 91
Energie, 70, 78, 139; psychische 70 f., 74, 80, 111; libidinöse 75
endothymer Grund 117
Enkulturation 84
Entwicklung 23, 35, 58, 107, 121
Erbforschung 54
Erfahrung 12, 90, 106
Erleben 8, 18, 31, 34, 39, 93 f., 101, 106, 108, 117; Gerichtetheit des 34 f.
Eros 122 ff.
Erwartung 78 f., 82 f., 85, 87 f., 104, 112, 139
Es 116
Experiment 14, 20 ff., 24, 31 f., 94, 96; Erkundungs- 21; Erlebnis- 20; Entscheidungs- 22; Forschungs- 21; Leistungs- 20; qualitativ 24; quantitativ 24
Extraversion 99, 111

Fähigkeiten 68
Faktoren 35, 46, 54 ff., 97, 99, 112, 114, 121
Faktorenanalyse 13, 16, 42, 55, 57, 67, 99, 120
Feld, soziales, psychisches 73, 93, 100, 124 ff., 129
Feldtheorie 86, 88, 95, 130 f., 134
Fragebogen 55, 92
Frustration 63
Funktionen, psychische 68

Ganzheit 131, 136
Gebilde, soziale 9, 103, 105 f.
Gedächtnis 64, 104, 116
Gedankenablauf 104
Gefühle 68

Gemeinschaft 82
Generalität 43, 45 ff., 99, 111
Gesellschaft 77, 82 ff., 86 f., 92, 100
Gesinnung 15, 75, 104
Gewohnheit 48, 85
Gleichung, persönliche 35
Gruppe 84, 86
Gültigkeit 29, 86

Habit 45, 48 ff., 66, 68, 97, 99, 102 f., 111 f., 114
Haltung 15
Hirnphysiologie 33
homo sociologicus 83
Hypothese 11

Ich 89, 116 f., -bewußtsein 34
Identität, math. 25 f.; psychol. 90, 92 f., 96
Individuum 10, 16, 31, 40, 61, 67
Individualität 34 f., 131
Induktion 37
Informationstheorie 85, 139
Informationsverarbeitung 85
Instinkt 74, 80, 139
Institution 106
Interessen 41, 65, 68, 80, 104
Intelligenz 23, 34, 55, 63 ff., 98, 119, 131, 137 f.
Interaktion 73, 82, 89, 102, 106, 113, 119, 139
Interdependenz 110, 114
interindividuell 74, 94, 96, 114, 129
Internalisation 83, 87
Interrelation 53 f., 66, 106, 133
intraindividuell 46, 75, 94, 96, 114, 130, 132
Introjektion 87
Introspektion 17, 48, 89
Introversion 99

Kausalität 70, 77 f., 80
Klassifikation 25, 48
Körperbautypen 25
Kognition, kognitiv 68, 73, 79, 106, 109
Komparationslehre 16
Komplexität 107
Konation 68
Konflikt 15
Konsistenz 43 f., 47, 65, 93, 99, 105, 107
Konstanz 35 f., 109, 131, 136
Konstitution 119
Kontrolle, soziale 102
Korrelationsforschung 16
Korrelationskoeffizient 17, 56 f., 138
Kovariation 37, 47, 57, 105
Kräfte, psychische 68
Kultur 77, 82 f., 109
Kulturanthropologie 82, 85
Kybernetik 71, 79, 132

Längsschnittanalyse 16, 130
Lebensgrund 117
Lebensplan 35
Lebensraum 125 ff.
Leib-Seele-Geist-Einheit 12
Leistungsmotivation 23
Lernen 49, 90 f., 101, 104, 123
Lerngeschichte, persönliche 32, 79, 108, 112, 114, 131, 134
Lerntheorien 52, 87 f.
Lokomotion 127

Meinung 104
melancholisch 63
messen 14, 24 ff., 32, 55, 65, 91, 94, 96, 107, 113; Niveaustufen 25; Instrumente 29
Metaphysik, methaphysisch 8, 35, 115
Methoden, empirische 14, 32; - quantitative 14
Milieutheorie 100
Minoritäten 105
Mittelwert 55
Modellbildung 30 ff.
Modelle 11, 71, 79 f., 99
Motiv, Motivation 42, 68 ff., 80, 91, 93, 95, 97, 111 f., 114
Motorik 64, 104, 140

Neurosen, Neurotizismus 30, 66
Normen 8, 32, 42, 74, 85, 88, 100, 103, 106
Normsysteme 86, 112

Objektivität 29, 55
Offenheit 131
Operationalisierung 94, 107
Oszillation 132

Partialtriebe 70
Permeabilität 131

Persönlichkeitsdefekt 34
Persönlichkeitsspaltung 34
Personalisation 84
Phänomenologie 17, 54, 65, 90, 97, 118, 120, 122
Phlogistontheorie 81, 139
Position 82 f., 87 f.
Prägnanz 65
Prägung 84
Proprium 89
Prozeß 93, 97, 101, 121 ff., 135
Prozeßablauf 31
Prozesse, maschinelle 30
Psychologie, Def. 7; allgemeine 9, 21; analytische 70; differentielle 9, 15, 16; Entwicklungs- 9, 52, 54, 91, 100, 122; experimentelle 21; Individual- 70; Lern- 49, 51, 71, 80, 102, 122; Persönlichkeits- 8, 14, 20 ff.; Sozial- 9, 82, 90, 105 f., Werbe- 100
Psychoanalyse 19, 90, 92, 117
Psychodiagnostik 24, 29, 40
Psychographie 16
Psychopathologie 91

Querschnittsanalyse 16

Rationalisierung, sekundäre 18, 137
Reaktion 18, 33, 55, 71, 138; -potential 72; -tendenz 50; -zeit 36
Realitätsprinzip 116
Reflex 49, 51; -bedingter 49, 53 f., -unbedingter 49, 53
Reflexion, (als Selbstbezug) 18, 53, 92
Regelkreis 80
Region 125
Regulationsprozeß 53
Reifung 50, 106
Reiz 49, 51–53, 55, 68, 71, 106, 116, 134, 138; -konstellation, -lage 45, 49, 52 f., 71; -reaktionszusammenhang, -verbindung 49, 51, 53
response 49
Rigidität 138
Rolle 11, 81 ff., 87, 89, 90, 92, 96 f., 102 f., 112, 114
Rückkoppelung 79, 101

sanguinisch 63
Sanktion 83, 88, 139
Schalenmodelle 30
Schichttheorie 11, 117
Schizothymie 63 f.
Schichtung 30, 100, 109, 117, 138, 140
Schulerfolg 58, 98; -leistung 23; -reifetest 29
Seele 8, 12, 31
Selbst 89 ff., 97, 102, 106, 113 f.; -beobachtung 17 f., 20; -bild 90 f.; -bewußtsein 90; -entfaltung 84; -gefühl 91; -ideal 96; -schätzung 91 f., 139; -verwirklichung 35; -vorstellung 91 f.; -wahrnehmung 91 f.
Semantik 28
sentiment 75
Singularität 43, 47, 99
Simulation 30 f.
Skalen; Intervall- 27; -Konstruktion 29; Nominal- 25; Ordinal- 27; Rating- 19; Verhältnis- 28
Sozialisation 43, 84, 87
Sozialisierung, Sozialisierungsprozeß 63, 83 f., 87
Soziologie 82, 87
Spezifität 43, 45 f., 111
Spieltheorie 73
Sprache 44, 53
S-R-Theorien 49
Status 83, 85
Stereotyp 104
Stimulus 49
Stoffwechsel 41
Streuung 55
Struktur, strukturell 40, 48, 68, 73, 75, 79 f., 87 f., 96, 98, 103, 107, 109, 112, 115 ff., 121, 124, 127, 129 f.
Sublimation 75
Syntax 28
System 48, 106 f., 132 ff.

teleologisch 70
Temperament 41, 65, 68, 119
Tendenz, determinierende 35, 104
Test 24 ff., 55; -projektive 92; -kriterien 29
thematischer Apperzeptionstest 76
Theorien 10 f., 31, 75 f., 86, 101, 133, 136; Automaten- 133
time sampling 20
Todestrieb 75

Topologie 125, 140
trait 40; surface- 62; seurce- 62
Trieb 42, 66, 68, 72,: 74, 95, 118, 122; -Habit-Konzeption 72, 79; -kräfte 71 f., 80, 130, 138
Typologie 16, 99, 140

Über–Ich 116 f.
Umwelt 32, 93, 114, 119, 136
Universalität 43, 47, 65, 67, 99
Unterordnungsbereitschaft 61, 63 f.

Valenz 73, 127 f.
Validität 29
Variable, abhängige 24; intervenierende 37, 71, 80, 95; unabhängige 23
Variation, Variabilität 36, 52, 57, 60, 107, 109, 114
Variationslehre 16
Variierbarkeit 21 ff.
Vektor 73, 127 f.
Vererbung 52, 111
Verlaufsgestalt 122
Vorhersagen 51 f., 54, 66
Vorstellung 68, 96, 104

Wandel 35 f., 131
Wahnsystem 13
Wahrnehmung 64, 68, 101, 104, 123, 137, 140
Wechselwirkung 90, 98, 102, 139
Wert 8, 32, 88, 100, 106; -Erwartungs-Modell 72 f., 79; -haltung 104, 107, 131; -orientierung 77, 80; -systeme 46, 86, 109
Wesen 14, 31
Wesensschau 17, 137
Wiederholbarkeit 21 ff.
Willenserlebnisse 68
Willkürlichkeit 22
Wissenschaftstheorie 7, 43
Wollen 68, 118
Würde 14, 31
Wunschbild 94

Zeitreihenanalyse 122
Zeitstichprobentechnik 20
Zyklothymie 61 f.